Blanca Mercado

SOY chingona, ¿y qué?

Abundancia, éxito y prosperidad para mujeres

PANORAMA
mujeres

Soy chingona, ¿y qué?

Derechos Reservados
Copyright © 2013 Blanca Mercado

Portada
Fotografía: © Artgo, usado para la licencia de Shutterstock.com

Primera edición: 2013
© Panorama Editorial S.A. de C.V.
 Manuel Ma. Contreras 45-B
 Col. San Rafael, 06470, México, D.F.

Teléfono: 55 54 70 30
e-mail: panorama@iserve.net.mx
www.panoramaed.com.mx

Impreso en México
Printed in Mexico

ISBN: 978-607-452-471-0

Prohibida la reproducción parcial
o total por cualquier medio sin autorización
por escrito del editor.

Quiero agradecer:

A todas esas increíbles mujeres que han despertado
en mí la pasión y la admiración por la forma tan increíble
en que vencieron sus miedos.

En especial a ese grupo de empresarias que
estuvieron presentes en este laboratorio tocando
cada uno de los temas paciente y abiertamente.

A Jackeline, Dalila, Araceli, Gina, Alma Lyda, Alma,
Irma, Gaby, Marghot, Jaqui, Lupita, Adriana.

A Alejandra Medrano por su paciencia y entrega.

A mis musas de inspiración de una mujer chingona:
mi abuela Lolita, mi madre Estela, mi hija Mariana.

A Dios.

Mi Dios amigo, gracias, este libro es tuyo.

Aquí entre nos

Antes de comenzar el laboratorio experimental, investigué las posibles características que debe tener una mujer súper chingona:

Voluntariosa, dinámica, segura de sí misma, adaptable o con capacidad de asimilar los cambios, ambiciosa, asume riesgos calculados, capacidad de sacrificio, competitiva, autoconocimiento de sí misma, decidida (capacidad para tomar decisiones), resolutiva (lleva las decisiones a cabo), con liderazgo y capacidad de persuasión, con iniciativa, flexible, reflexiva, persistente, proactiva, responsable, realista, creativa, observadora para detectar oportunidades en el entorno, busca información sobre lo que le interesa, exige eficiencia, capacidad de planificación, etcétera.

Debo señalar que ninguna mujer emprendedora reúne todas estas habilidades o aptitudes; cada una tiene, de un modo innato, algunas características o comportamientos más desarrollados que otros. La idea es autodiagnosticarnos para conocer cuáles son los puntos fuertes que tenemos y trabajar para desarrollar las otras habilidades igualmente importantes y necesarias.

Me di a la tarea de reunir a doce mujeres empresarias competentes y seguras para trabajar en lo que llamé un laboratorio experimental. Nos involucramos intensamente en la búsqueda de aquellos rasgos de personalidad que distinguen a las mujeres chingonas.

¡Gracias!

Mujeres increíbles que me donaron su tiempo amorosamente en pro de esta investigación.

Definición de mujer chingona:

Mujer independiente emocional y afectivamente y, por si fuera poco, exitosa en su empresa; toma sus propias decisiones y consigue lo mejor para su vida y quienes la rodean. Mujer auténtica y poderosa que, aunque tenga miedo como todas, ¡se atreve!

¿Qué es un laboratorio experimental?

Doce increíbles mujeres empresarias de diferentes edades me permitieron trabajar intensamente con sus vidas. Nos reuníamos y mi labor era observarlas. Ellas planteaban sus dudas y entre todas contestaban. Yo iba, poco a poco, recopilando información. Son mujeres chingonas. Pero, ¿sabes qué descubrí? Si ellas pueden, tú y yo también podemos.

He negado gran parte de mí.
He negado los sueños de mi niña interna,
a quien le gusta jugar.
De mi adolescente,
que se nutre de la naturaleza abierta y retadora.
De mi mujer adulta,
que ha dejado cosas que le gusta hacer por
cuidar de las necesidades de otros,
inventándose que nunca tiene tiempo.

Una mujer como tú y como yo
en busca del éxito.

RESPONDE:

- ✓ ¿Te has sentido frustrada, como mujer, en los negocios?

- ✓ ¿Consideras que no te has realizado con tus metas personales?

- ✓ ¿Quieres hacer tantas cosas que terminas por no hacer ninguna?

- ✓ ¿Crees que, por ser mujer, es difícil triunfar en la vida?

- ✓ ¿Anhelas llegar a ser lo que tú sueñas, pero no sabes cómo lograrlo?

- ✓ ¿Sientes deseos de romper ataduras que no te dejan ser como tú quieres?

- ✓ ¿Te sientes la víctima de los demás?

- ✓ ¿Sabes qué es lo que quieres exactamente, pero no sabes cómo obtenerlo?

Definitivamente, este libro es para ti…

Índice

Introducción

¿Qué puede hacer este libro por ti?

Este libro es un sueño que surgió durante mi labor como asesora de empresarios y políticos, donde era el sexo femenino el que oponía más resistencia a los temas relacionados con la inteligencia financiera. Aunado a ello, conduciendo dos programas de radio, precisamente en una estación para mujeres, y después de estar escuchando a tantas de ellas con voz desesperada por su situación económica, miedos y limitaciones personales y culturales, fue que me inspiré para realizar este trabajo de investigación hecho especialmente para ti.

Fueron, definitivamente, las inquietudes de tantas mujeres como tú las que me motivaron a trabajar arduamente, explorando en el ámbito de los negocios, tratando de desglosar de manera sencilla términos aparentemente complejos para nosotras. Este libro te dará herramientas fáciles de aplicar a tu vida, pero recuerda que sólo actuando verás el cambio.

Definitivamente, lo que funciona en el desarrollo de la inteligencia financiera para un hombre no siempre se aplica a las mujeres. Nosotras manejamos contextos diferentes y prioridades distintas. Nuestra vida suele ser más compleja por nuestros hijos y el hogar, y hasta por nuestros reclamos a nivel profesional, los cuales son muy demandantes. Por esta razón, si me permites, quiero acompañarte paso a paso en el increíble proceso de convertirte en una mujer chingona. Con cada capítulo, ejercicio y reto, lograremos descubrir en ti una nueva actitud frente al dinero, el amor y los negocios.

La vida es demasiado maravillosa como para no disfrutarla o vivirla con limitaciones. Hoy empieza una nueva vida para ti. Tu corazón late intensamente con el mío. Sé que estás tan emocionada como yo, lo presiento. ¡Grandes cambios vendrán a tu vida!

Es momento de recordarte que fuiste creada como una mujer que merece triunfar, y el universo trabaja a tu favor. Tu presencia en esta vida es impactante. Hay mucho por lograr.

Sólo hay dos bandos: las perdedoras y las ganadoras. Tú eliges a cuál perteneces. Dios está de tu lado y respeta cualquier decisión que tomes. Él te creó con una misión y se quiere expresar a través de ti y de tus obras.

¿Cómo está organizado este libro?

A través de cada página de este libro encontrarás un instrumento comprobado de éxito que debes implementar. Recuerda que los resultados se miden por las acciones, así que empecemos. Desafiemos al mundo. La clave está en concentrar tu energía a tu favor. A partir de este instante soy tu cómplice y amiga. Sólo te pido disciplina y consciencia para lograr todo lo que quieres.

Si adquiriste este libro es porque tienes en mente un objetivo muy claro. Sé sincera: ¿te estás acercando o alejando de tus metas? No te preocupes, retomaremos el camino.

Este método está basado en la recopilación de experiencias a lo largo de más de veinticinco años frente a grupos impartiendo conferencias, talleres y asesorías a empresarios. Son enseñanzas aplicables de manera inmediata. Te daré ejemplos, ejercicios y actividades retadoras. Encontrarás las directrices de un programa completo para mejorar tu calidad de vida como mujer empresaria. Será tu arma secreta generando acciones nuevas que provoquen una vida más divertida y productiva

¡Te lo garantizo! Obtendrás resultados increíbles.

Cada capítulo tiene tres pasos a seguir:

   I. Conciencia

   II. Inicia

   III. Sonríe

Una mujer que no sabe lo que quiere:

- _Se siente indecente si confiesa sus deseos sexuales._
- _Su principal meta es.... "casarse"._
- _Siente que le toca ser buena, principalmente como pareja._
- _Puede trabajar, si eso no interfiere con otras labores de su familia._
- _Le toca mostrar sus intenciones de manera indirecta y muy dulce._
- _Utiliza conductas sumisas, pasivas y resignadas._
- _No muestra interés por ningún otro ser que no sean su pareja o sus hijos. Incluso se excluye ella misma._

¡Te conviene saber qué quieres en tu vida!

Instrucciones de uso

Deberás hacer una revisión diaria de tus avances y darte tú misma un seguimiento. Es indispensable realizar todas las actividades propuestas.

Al final de cada capítulo, el cual deberá ser trabajado en un plazo de una semana, incluyo algunos formatos de seguimiento indispensables en tu proceso personal.

Comencemos contestando algunas preguntas inteligentes para conocernos un poco más:

Si pudiera manifestarse cualquier cosa en tu vida, ¿cuál sería?

¿Qué deseas lograr al leer este libro? (Tu expectativa).

Si todo fuera posible, ¿qué harías? (Tus sueños).

¿Qué tendrías? (Tus metas).

¿Quién serías? (Tus ideales).

¿Qué admiras de los demás? (Tu proyección en los otros).

¿Qué temes en la vida? (Tus bloqueos personales, o demonios internos por trabajar).

Antes de emprender la aventura

¿Sabes cuántas mujeres renuncian a puestos directivos por la dificultad de compatibilizar su vida personal y familiar con las exigencias de su profesión? Más de 40%, es increíble la cifra que te muestro. Podrás pensar que es el medio el que nos presiona. No lo creo así. Me parece que somos nosotras mismas quienes nos impedimos lograr lo que tanto deseamos. Después inventamos pretextos y, cuando la obra está hecha, aun así nos sentimos frustradas.

El artículo 14 de la Constitución Política de los Estados Unidos Mexicanos dice que hombres y mujeres somos iguales y penaliza cualquier forma de discriminación.

Caray, no necesitamos que otro nos discrimine. ¿Cuántas veces te sorprendiste sacrificándote en favor de los demás? Y de una vez por todas quiero aclarar que dudo que sea por nuestra bondad. Más bien no queremos darnos cuenta de la enorme responsabilidad de hacernos cargo de nosotras mismas.

Hasta la conocida cenicienta estuvo haciendo, durante mucho tiempo, todo lo que le ordenaba su malvada madrastra. Siempre en respuesta Cenicienta fue humilde, sencilla, obediente y trabajadora. ¡Sin quejarse jamás! Fue al baile contra la voluntad de su madrastra y fue recién entonces que dejó por un momento de sacrificarse y ocuparse de tareas intensas que, además no disfrutaba. Y ¿qué crees? A cambio de ningún reconocimiento. A menudo descubro cenicientas en mi consulta que quieren ejercer su profesión, pero no lo hacen. ¿A quién acudir para darnos permiso de tener éxito? ¿Dónde está nuestra hada madrina que nos entregue los instrumentos necesarios para danzar en la carrera del éxito?

Siempre he pensado que la mujer amable, complaciente, obediente, sumisa y generosa, alberga un secreto en su interior. ¡Quiere descubrir la clave del éxito! Quiere dejar de jugar a ser independiente y simplemente serlo. Desea mostrarse fuerte y segura, pero no quiere asustar a los demás, en especial a los hombres. Por sentirnos culpables hasta de acariciar la independencia somos más flexibles, complacientes y servidoras. Buscamos hacer lo que los demás esperan de nosotras; hasta lo adivinamos si no nos lo dicen. Confiamos en que mostrándonos abnegadas seremos aprobadas por fin, pues pensamos que ser rebeldes y atrevidas, y hasta descaradas, para poder salir adelante jamás sería una buena opción. ¿Será cierto esto?

Como princesas, esperamos ser rescatadas por un buen príncipe que nos dé permiso de ser exitosas. Incluso que nos acompañe paso a paso para serlo. Por más leyes y libros de superación personal que se escriban, siento decirte que el mayor obstáculo a vencer como mujeres exitosas tal vez sea el de dejar de buscar complacer a los demás. Pues nos da mucho miedo arriesgarnos, porque esto significa la posibilidad de ganar o perder. Seamos sinceras, solemos renunciar a muchas cosas que deseamos y como consecuencia nos exigimos, a toda costa, nuestra adaptación incondicional.

La profecía auto cumplida

Sólo una mujer sabe complacer adecuadamente a los que la rodean. No me veo a mí misma, y espero que tú tampoco te veas, desconfiando de nuestro poder personal, hasta llegar a no vernos ni como causantes del éxito, ni como causantes de nuestros problemas. Apatía, fatiga crónica, síndrome de adicción al trabajo, insomnio y activismo, ¿te suena conocido? Pues son rasgos característicos de mujeres que no se detienen a valorarse, precisamente por miedo.

Todo esto nos deja claro que la mujer muchas veces renuncia al poder, a su poder personal. Y vaya que a las mujeres nos cuesta bastante aceptar el poder, y lo soltamos así como así.

¿Has renunciado a tu poder personal?

No me respondas, sólo revisa en silencio, para ti misma, los siguientes modelos de pensamiento que he podido observar en muchas mujeres con miedo al éxito.

La mujer **"Por el momento así estoy bien"**. La mujer que siempre está en espera de una mejor oportunidad, una mejor situación. Algo que, por cierto, nunca llega.

La mujer **"Yo no lo necesito"**. "¡A mí no me hace falta nada!" Pero en su rostro percibes su aburrimiento. No cuenta con un proyecto personal. Es cazadora de sueños ajenos. Tal vez los de su pareja o sus hijos.

La mujer **"No tengo tiempo"**. Siempre se busca una justificación para no hacer lo que se debe hacer. Ni cuando tiene tiempo libre se da permiso de disfrutar.

La mujer **"Pobrecita de mí"**. Te cuenta historias trágicas en las que siempre que está a punto de alcanzar el éxito le ocurre una desgracia.

Estos son algunos ejemplos de mujeres que no se permiten el éxito en su vida. Y, si por azahares del destino, lo consiguen de una forma o de otra, terminan destruyéndolo.

Paradigmas que, como mujeres, "debemos erradicar"

¡La mujer que hace uso del poder acaba quedándose sola!

¿Cuántas veces te sorpendiste hablando despacito sobre las mujeres que logran destacar y, como consecuencia de ello, "se quedaron solas". A muchas ni siquiera las conociste, pero te contaron que la hermana de una amiga o vecina lo vivió. Es hora de no creernos tantas historias que despiertan nuestros miedos más voraces.

¡La mujer poderosa vendió su alma al diablo!

¿Te imaginas? Es tanto lo que nos asusta el ser independientes que hacemos todo, absolutamente todo, por no serlo. Es como si pensáramos que traicionamos a nuestro clan de la mujer sumisa y abnegada, el cual por cierto tiene vacantes.

La mujer no debe correr riesgos

Durante mucho tiempo este paradigma dominó mi mundo. Todo antes de salir de mi zona de confort. En el mundo femenino, los miedos representan entrar a la zona de altos retos por vencer, esta es la que conocemos como la zona de aprendizaje.

Ejemplo

La mujer no debe probar caminos nuevos, ¡es peligroso!

El peligro verdadero es no cambiar. En el universo todo, absolutamente todo, es cambio. Fluir es parte de crecer.

La mujer debe ajustarse a las reglas

El problema es que no nos atrevemos a cuestionar paradigmas y muchos de nuestros miedos permanecen intocados. Los pasamos tal cual a otras mujeres de nuestra familia. ¿Qué pasaría si comenzáramos a cuestionarnos todo? O entenderíamos las reglas o, de plano, implantaríamos otras nuevas en su lugar.

¿Hemos renunciado a determinar lo que realmente queremos?

He observado que pedir lo que quiero es tan complicado porque primero tendría que saber qué es. Y con tanta práctica en no pedir nada, o en fingir que no hay nada que pedir, pues como que las mujeres nos dejamos de preguntar: "¿Qué es lo que realmente quiero?" En contraste, observa las características de una mujer chingona.

Características de una mujer chingona

1. Vulnera reglas cuando es necesario, pues corre riesgos constantemente. Y esto implica explorar nuevos territorios reservados sólo para los poderosos.
2. Establece sus propias reglas. Las que le funcionan con prueba de ensayo y error. No le asusta perder.

3. Plantea claramente lo que desea, sin miramientos ni falsas posiciones. No pretende ser simpática.
4. Dice claro "no" o "sí", según sea el caso, con las consecuencias que con ello se generan; y se hace responsable de ellas.
5. Tiene experiencias de éxito por compartir generosamente. Esto lo he podido percibir notoriamente en las mujeres y hombres de éxito: son generosos. ¿Cuándo fue la última vez que compartiste sin pesar?
6. No le importa gustarle a nadie. En pocas palabras "Le vale madres". Se oye fuerte, pero en verdad no le quita el sueño que no apruebes un solo renglón de su vida.
7. No tiene miedo a los juicios y, lo mejor de todo, no le preocupa ir por la vida evaluando todo como bueno o malo. No juzga.
8. Acepta riesgos. Y el mayor riesgo es estar viva y ser responsable de lo que experimenta, sin culpar a los demás.
9. Está orgullosa de quién es. ¿Tú estás orgullosa de en quién te convertiste hasta hoy? No digo que te gustes totalmente, sería pedir demasiado, pero ¿te sientes orgullosa de tu esencia?
10. Competir le divierte. Durante mucho tiempo, las mujeres creímos que nuestro papel principal era estar tras nuestro hombre. El destacar no era nuestro objetivo. Mucho menos competir, no en contra, sino a favor del crecimiento personal. Incluso competir con nosotras mismas puede ser todo un reto.

¿Tienes ganas de triunfar? Algunas mujeres se sienten culpables de tener esa pasión por el triunfo. Tal vez es porque triunfar y tener éxito no estaban en nuestros planes genéticos, pero se vale rectificar.

Creo que después de todo sería bueno sentirnos más capaces, hacer lo que nos gusta, elegir sin miedo, querernos más. Dejar de perseguir hombres y comenzar a perseguir nuestros sueños.

¿Cuándo actuamos las mujeres como víctimas?

Actuamos con miedo, criticándonos, renunciando, rechazándonos, confundidas, rescatando y olvidando nuestra responsabilidad. La víctima no existe, no mira hacia adentro. Elegimos sufrir pero, aquí entre nosotras, la desesperación e infelicidad no nos garantizan que nadie nos vaya a respetar.

Maridos con mujeres chingonas: ¿es posible?

Buena pregunta. Las mujeres de éxito pueden o no estar con una pareja. Lo mejor de todo es que saben estar solas. Pero bueno, iremos desarrollando todo esto y más en cada capítulo. Prepárate, porque después de este libro ¡ya nada será igual para ti!

Laboratorio vivencial
"Soy chingona, ¿y qué?"

Son las ocho de la noche y todo está preparado para recibir a 12 increíbles mujeres que invité, para trabajar con ellas en la búsqueda de los secretos de una mujer de éxito. Elegí a 12 empresarias con rasgos distintivos de liderazgo, con la verdadera intención de observarlas durante la exposición exhaustiva de diversos temas. Yo quería saber cómo reaccionaban. Todas llegaron puntuales y con una actitud agradable. En un principio tratando de conocerse, pero a los pocos minutos fluían alegremente.

Lupita es propietaria y directora de una imprenta. Cuenta con importantes clientes a su cargo. Hace poco tiempo contrajo matrimonio. Transmitía mucha alegría de prestarse a este experimento. A Lupita le gusta mucho platicar con otras mujeres. Está al pendiente de todo lo que tenga que ver con superación y es experta en divertirse.

Se admira a sí misma por su fuerza para salir siempre adelante de la adversidad. Se considera muy tenaz y tiene una visión de la vida muy comprometida con el cuidado de la familia. Se considera honesta, responsable, amigable, desordenada, miedosa y, en muchas ocasiones, insegura.

Lo mejor de todo, reconoce abiertamente que tiene miedo al éxito. Nos externó que muchas veces su negocio ha estado a punto de crecer y esto la impacta terriblemente, al grado de enfermarse.

Su objetivo es tener una vida armoniosa con su familia y su negocio, al cual visualiza cada vez más próspero y con muy buenas ganancias. Sugiere a las mujeres en su camino que se declaren chingonas, que nunca se sientan víctimas de las circunstancias; que sean conscientes de su responsabilidad de ser felices. "Esto les ahorraría mucho sufrimiento" afirma Lupita convencida y, por último, comprometerse a ser auténticas, sin olvidar la palabra mágica NO cuando tengan que poner límites.

"Si un ser humano desea estar seguro del camino que pisa, debe cerrar los ojos y caminar en la oscuridad."
San Juan de la Cruz

1

Atrévete a ser chingona

"Nuestras creencias acerca de lo que somos
y de lo que podemos ser determinan
precisamente lo que seremos."
Anthony Robbins

I. Conciencia

¿Qué harías si supieras que no vas a fracasar?

Terminaría mi carrera y pondría
un SPA con barro, masajes y temazcal.
Marlen, 33 años
Estilista

Pondría en marcha mi idea de negocio y la llevaría a cabo… yo
era muy creativa y me dejé llevar por otras cosas.
Adriana Covarrubias, 40 años
Ama de casa

Terminaría mi proyecto…
Los albañiles no me ganarían…
Ma. Luisa, 35 años
Arquitecta

Yo dejaría de trabajar con mi jefe.
Genoveva, 56 años
Asistente personal

¿Recuerdas cuando en la escuela nos decían que estaba mal rayar o escribir en los libros? Rompe esquemas. Vamos, toma un bolígrafo y anota tus respuestas.

Y tú, ¿qué harías si supieras que no vas a fracasar?

_____

_____

_____

En este capítulo quiero abrir las puertas a la imaginación y cerrarlas al miedo. ¿Qué hacemos cuando tenemos miles de ideas por realizar y un temor que nos paraliza y no permite fluir a la realidad? Como nos compartió Lupita al principio de este capítulo, el miedo llegó a paralizar muchos de sus proyectos.

¿Tú por qué piensas que las mujeres tenemos tanto miedo a triunfar?"

_____

_____

_____

Algunas razones por las que las mujeres tenemos miedo al éxito

La búsqueda de logros implica una competencia, y a la mujer no se le educó para ser competitiva, sino para motivar a otros a que lo sean.

Si a ello le sumamos que la sociedad sanciona la actitud competitiva de una mujer, y la condena al no aceptar como válido que una mujer se desarrolle sin su carga proporcional de culpa, por no estar todo el tiempo alrededor de la pareja o la familia, es lógico que encontremos mucho miedo transmitido en nuestra educación, la cual pasa sin cuestionarse de generación a generación.

Como mujeres, le tenemos miedo al éxito, aunado al temor de perder nuestra feminidad. Si el éxito significa no ser femenina, muchas mujeres preferimos no tener éxito. El miedo al éxito es el resultado, entonces, de un entrenamiento de roles. Mientras que por naturaleza, los hombres buscan las situaciones de competencia, la mujer las evita a toda costa.

El miedo al éxito por parte de las mujeres es incluso celebrado por nosotras mismas. Esas largas charlas de café compartiendo nuestros miedos, o consolándonos, cuando justo en el momento de empezar a brillar en alguna actividad renunciamos en nombre de la pareja o los hijos. "Más vale salvar la familia"; "Todo sea por el amor"; "Nos toca, ni modo", y continuamos con la conversación como si nada.

¿El éxito también es para nosotras?

La mayoría de las mujeres nos sentimos culpables y, por ello, llegamos a sabotear nuestros propios éxitos. Una vez logrado un objetivo, sentimos lo que en psicología se llama "el fenómeno del impostor", término acuñado por Pauline Clance y Suzanne Imes, quienes explican en su investigación que en el momento en el que una mujer se acerca al éxito su mente responde con ideas como: "Fue sólo suerte", "Pura casualidad", "Fue gracias a fulana o fulano", "Jamás me imaginé que lo lograría", "Ni yo me lo creo", "Me hicieron el favor", "Es que soy amiga o familiar de perengano o perengana" y una larga lista de etcéteras.

Es increíble, pero parecería que no nos creemos merecedoras del éxito. Nos disfrazamos de una falsa modestia y envolvemos cada justificación que inventamos de las posibles razones de nuestra suerte. Al no darnos reconocimiento por nuestro triunfo, conseguimos que se debilite nuestra confianza, y surge el miedo a equivocarnos, al ridículo, al fracaso, y así es como perdemos la satisfacción de iniciar nuevos proyectos.

¿Te suena conocido?

El miedo es una emoción natural que nos protege de la adversidad y el peligro. Pero qué pasa cuando ese miedo se vuelve parte de nuestro sistema de vida. Cuántas oportunidades dejas ir sin siquiera intentarlas. Sentir miedo es normal, estacionarse en él de ninguna manera puede llegar a serlo.

¿A qué le tenemos miedo las mujeres?

No sólo al éxito. Tememos ser felices, nos aborda la inquietante idea de que algo malo nos puede pasar en cualquier momento.

Miedo a nuestra debilidad que, si somos sinceras, se convierte en nuestra fortaleza si sabemos manejarla.

Miedo a enfrentarnos y poner límites. Miedo a que descubran nuestros miedos, y otros miedos que vamos adoptando voluntariamente en el diario vivir.

El miedo es nuestro enemigo. Pero ¿qué tal si lo utilizáramos a nuestro favor, como nuestro aliado?

Nos hemos robado oportunidades por no soltar nuestros miedos. Nos distorsionan la realidad. Disminuyen nuestros talentos y nos vuelven ciegas a nuestro compromiso personal. Vivimos con miedo y vivimos pobremente. ¿No crees que este es el momento de actuar a pesar del miedo?

Algunas sugerencias para darnos permiso de tener éxito serían:

1. Reconocer nuestros talentos: no se trata de confrontar falsas modestias contra la vanidad, si no de realmente estar conscientes de nuestros aspectos más brillantes. Tal vez hasta ahora no hayamos estado tan conscientes de cómo nos saboteamos, pero si nos observamos con honestidad descubriremos que, precisamente, no aceptar que somos dignas del éxito nos aleja del camino.

Ejercicio para vencer tus miedos

Proponte un riesgo por día. En total, en un mes, correríamos 30 riesgos. ¿Qué te parece? Estos riesgos te permiten salir de tu zona de confort. Después de todo, pase lo que pase, lo manejaremos. La vida misma es una incertidumbre, queramos verlo o no. Si cambiamos nuestra actitud aprenderemos a explorar nuestros miedos para aprender de ellos.

2. Actúa inmediatamente, no lo aplaces, busca información, planifica, hazlo diferente. Conviértete en una experta en el área que te apasiona y cree en ti con mucho entusiasmo.

Al decirte que actúes, te pido no sólo que lo hagas cuando tengas miedo, sino también cuando detectes culpa, impaciencia, fatiga, envidia, dolor, vergüenza, celos o cautiverio, pues todas estas emociones esconden el miedo.

Al miedo: admítelo, atiéndelo, rétalo

El miedo nos hace continuar en situaciones que nos causan infelicidad. Qué absurdo tener al miedo como pretexto para admitir situaciones negativas.

¿Qué miedo debes superar para cambiar tu vida?

_____

_____

_____

¿De qué te quejas?

_____

_____

_____

Quejarse indica que no te estás haciendo responsable de tu vida. Quejarse no sirve de nada, sólo la acción cambia las circunstancias.

Escribe tres acciones que estás evitando por miedo.

_____

_____

_____

Pon mucha atención a la siguiente carta que llegó a mi correo.

Hola Blanca, me gustaría que me ayudes. ¿Sabes? Yo estuve casada por 16 años y me divorcié porque mi pareja me engañó con otras mujeres, pero a pesar de que me divorcié sigo viviendo con él; antes porque sentía que no podía vivir sin él y ahora porque no lo quiero lastimar. Ya le dije que se vaya de mi casa pero él no se va y esta situación se ha vuelto muy cansada, no soy feliz ¿Qué hago? Quisiera darle otra oportunidad, pero siento que esto no funcionará porque ya no siento nada; pienso en tantos años y en mis hijos, pero tengo miedo de que vuelva a pasar lo mismo dentro de unos años más. También le propuse vivir cada uno por separado para darnos tiempo, para darnos cuenta de si en realidad todavía nos queremos o sólo es costumbre de los dos, y que si nos sentimos a gusto viviendo separados sigamos así para poder ser felices. Ayúdame, quiero ser feliz pero ¡sin lastimar a nadie! Gracias.

Silvia Reyes, 38 años

Este es un ejemplo de muchas cartas que recibo planteando situaciones similares. La mujer le teme a ser feliz y a prosperar. Todo ello viene del origen de nuestra educación.

¿Qué le aconsejarías tú a esta mujer?

_____

_____

_____

No te niegues el derecho a una vida plena. Para poder vivir el amor sano, primero habrás tenido que independizarte emocionalmente, lo cual equivale a saber pedir con toda la energía lo que realmente deseas. Pero cómo lograrlo, si nos cuesta tanto hacerlo con la pareja, ¿cómo lo haremos en los negocios?

¿Cómo retomar nuestro poder personal?

¿Dónde reencontrar nuestra confianza perdida?

¿Cómo cambiar nuestro chip interno y sentirnos valiosas?

Primero responde:

¿Crees que la mujer merece el éxito? ¿Lo mereces tú?

Si las mujeres sintiéramos que tenemos derecho al éxito actuaríamos de la siguiente forma:

1. Diríamos "Sí" cuando queremos decir Sí y "No" cuando queremos decir no, sin sentirnos culpables de manera alguna.
2. Nos tomaríamos muy en serio cuando nos preguntamos, "¿qué deseo hacer?"
3. Haríamos menos drama y nos concentraríamos en las soluciones, no sólo en los problemas. ¿Te has dado cuenta de cómo repetimos la situación que nos causa problemas y nos olvidamos de la posible solución?

¿Tenemos miedo al éxito?

Puede parecer absurdo tenerle miedo al éxito, si es lo que en realidad tanto queremos. Te comparto algunas razones por las que, en el fondo, nos da miedo conseguir el éxito en la vida.

1. **Creemos que si tenemos éxito no vamos a tener una pareja.** Esto se debe a que existe la absurda idea de que las mujeres exitosas siempre están, o acaban estando, solas.

Renata es una mujer de 45 años que inició hace 10 años un negocio de comida en su casa. Su esposo, en un momento de "honestidad", le confesó que tenía una amante en su trabajo y que, por tal motivo, lo habían despedido. Sin embargo no quería dejar a su amante y no sabía dónde trabajar, por lo que le pedía que se hiciera cargo de la economía del hogar mientras él salía de su depresión y encontraba trabajo para irse con su amante.

Renata comentaba su situación con mucho agobio. Me narró cómo tenía que trabajar intensamente hasta las tres de la tarde en un negocio propio. Nunca después de esa hora, para evitar desatender su hogar, pues tenía que limpiarlo, y atender a sus hijos. Por supuesto, su marido no la ayudaba en nada, pues estaba muy deprimido. Cuando le pregunté a Renata qué deseaba hacer, grande fue mi sorpresa al escuchar lo siguiente: "Tengo miedo de que me abandone. ¿Cómo saldría adelante sola con mis hijos? "

Definitivamente, Renata no escuchaba lo que decía. Cuando logró escucharse, ¡todo cambió!

2. **Creemos que tener éxito afectará a nuestra familia.** Pensamos que la mujer de éxito está esclavizada y no tiene tiempo para compartir con su familia, y eso nos hace sentir culpables con sólo imaginarlo.

Teresa, directora de una gran empresa textil, llegaba corriendo a casa, llena de regalos y sorpresas para sus hijos y esposo. Se sentía tremendamente culpable de tener ingresos superiores a su marido y evitaba llegar más tarde que él, lo cual le provocaba una tremenda colitis nerviosa.

Cuéntame: ¿qué has hecho tú para disminuir tu culpa al tener éxito?

_____

_____

_____

_____

_____

3. **Asumimos erróneamente que tener éxito significa ser egoísta y mala.** Se ha pensado que el menor éxito profesional de la mujer tendría mucho que ver con su mo-

tivación. El hombre se siente más motivado por el éxito económico y el estatus social producido por el poder, que sigue siendo algo de tipo económico.

Las mujeres, ante todo, queremos desarrollar nuestra capacidad de "realizarnos", y nos valoramos en función de lo felices que nos sentimos, más que del dinero. El hombre confía más en su capacidad, se siente más seguro y queda mucho más satisfecho con su realización que las mujeres. El éxito profesional es la meta que se propone todo varón que intenta ponerse unas metas de superación personal.

4. **Pensamos que si tenemos éxito y hablamos de nuestros logros con la gente nos rechazarán, que nadie querría estar con nosotras y nos quedaríamos solas.** De hecho, debo confesar que más de una vez atribuí una idea genial a otra persona (un hombre) esperando que, de esa manera, fuera mejor aceptada. Escuché muchas veces decir a mi madre: "¡Que tu marido nunca sepa cuánto ganas! ¡Un hombre no asimila que una mujer lo supere!" Y terminaba con lo siguiente: "¡Calladita te ves más bonita!"

La angustia del éxito

Sara había estado trabajando arduamente para poder comprarse el carro de sus sueños. Después de muchos esfuerzos y ahorros continuos lo logró. Curiosamente, el día que le entregaban el auto se inventó mil pretextos para no poder pasar a recogerlo. En su lugar, le pidió al vendedor de la agencia que se lo llevara hasta su casa y lo dejara estacionado en la cochera. Entró en crisis y fue recién un mes después que se dio permiso de usarlo. Su familia la observaba asombrada. Si era su sueño, ¿por qué no lo disfrutaba?

El entorno de Sara no entendía su ansiedad y depresión después de su éxito. Pero ella simplemente no se sentía con derecho a triunfar. Siempre se había convencido de que para recibir el éxito había que sufrir mucho.

Los puntos clave de la angustia del éxito son una sensación de suerte muy elevada, una sensación de control escasa y una sensación cuestionable de merecerlo. Sentirnos bien puede hacernos sentir mal. Somos seres de costumbres y hay mujeres que se llegan a acostumbrar a sentirse mal, pues sentirse bien les genera tanta angustia, por ser una sensación desconocida, que muchas mujeres eclipsadas por tanta presión social regresan a lo acostumbrado.

Los logros, la confianza en ti misma y la asertividad son importantes para evitar la pérdida de control que genera, en muchos casos, salir huyendo, lo que aumenta considerablemente el estrés. ¡Vaya círculo vicioso!

Modelo mental de las mujeres respecto al éxito

Un modelo mental es un mecanismo del cerebro que intenta explicar cómo funciona el mundo real, es una especie de representación interna que juega un papel importante. Son nuestras creencias de cómo funcionan las cosas las que identifican el modelo mental con base en el cual nos relacionamos y creamos la realidad desde lo que somos.

Todas las personas tenemos un modelo mental de cómo odiar, amar, sufrir, trabajar, perder, ganar, y si lo llegamos a comprender avanzaremos mucho. Simplemente comprenderemos nuestras reacciones sin juzgarnos.

¿En qué medida tus creencias y valores personales son un filtro que dibuja lo que escuchas y moldean, al mismo tiempo, tu forma de percibir y juzgar lo que vives? Escanear el modelo mental puede ayudar mucho a autoconocernos.

Las personas tenemos, de manera figurada, una puerta de entrada y de salida con una especie de malla que filtra comportamientos como elegibles o no en nuestra vida. Para ponerlo de manera más clara, podríamos clasificar cuatro tipos de mujeres respecto a nuestro particular filtro mental:

1. **Mujer águila:** tiene valores y creencias amplias y muy claras. No se complica con nada, pero tiene una posición definida; sin problemas para relacionarse con quien tiene una posición mental diferente. Se relaciona sin dramas y no tiene conflictos internos, es abierta a la escucha. Predominantemente libre y ambiciosa.
2. **Mujer osa:** tiene valores y creencias rígidas, poco flexibles. Le resulta complicado relacionarse con personas con principios o valores diferentes. No disfruta escuchar cuando no coincide.
3. **Mujer camaleón:** no tiene conexión con sus valores y creencias y se camufla según las circunstancias. Tiene mucho miedo a no ser aceptada. Cambia de opinión constantemente y busca ser adoptada para poder saber que estará segura. Su estabilidad depende de quien la rodea.
4. **Mujer ardilla:** no toma en serio sus valores y creencias. Pareciera que juega con ellos, los esconde y los anula constantemente; incluso se burla de ellos si es necesario. Su meta es simplemente sobrevivir, pareciendo graciosa e incluso torpe.

Estoy convencida de que todas las mujeres tenemos derecho a tener éxito. El secreto está en creérnoslo.

¿Cómo superar nuestro miedo a tener éxito?

Para comenzar, define para ti qué es tener éxito...

_____

_____

_____

Tener éxito es sembrar en este plano existencial
y saber que las nuevas generaciones van a aprovechar
y a aprender de mi legado.
Irma Aguirre, 40 años

Para mí es sentirme plena y satisfecha
en cualquier área de la vida.
Ana Cortés, 38 años

Para mí es terminar mis proyectos a pesar
de que los demás me digan que No.
El éxito es hacer realidad mis sueños.
Yolanda Flores, 48 años

El éxito es la culminación de lo que tanto anhelo.
Virginia Ascencio, 47 años

Es hacer lo que más te gusta y emprenderlo. Estar con quien
quieres estar. Ganar lo que quieres ganar.
Liliana Acosta, 44 años

El éxito es la perseverancia de lo que uno tiene en mente.
Irma Tafoya, 46 años

En el universo sólo existe abundancia, pero esta abundancia sólo puede ser encontrada por aquellos que la buscan y están dispuestos a cumplir con sus leyes.

Lograr que la vida te obedezca es posible, por atrevido que esto te resulte. Somos poderosas, mas no somos conscientes de ello. Ese es realmente el problema de la mujer.

Cuando descubrí que mi objetivo principal en esta vida era desarrollar al máximo mis talentos, obtuve una vida abundante y feliz como resultado.

Para llevar a buen término la aventura que acabas de iniciar al adquirir esta obra, debes tener muy claros tus deseos. Debes romper la estructura de limitación y volverte toda una experta en el logro de tus metas.

Lee en voz alta la siguiente frase: "En mi mundo no falta nada. Gracias padre por materializar todos mis deseos."

Desarrollarnos para lograr una vida plena, con abundancia, iluminación y conocimiento, implica imaginar aspectos como:

a) La clase de mujer que deseas ser.
b) El ambiente en el que deseas vivir.

Luego imagina toda posesión. Para ello es indispensable impregnarnos de fe a nivel mental y de corazón. El mundo material en el que vives es el resultado de un pensamiento creador. Entonces, ¿podemos crear nuestro mundo con nuestros pensamientos?

¡Claro que sí!

El primer paso es hacer una lista de los deseos materiales y cualidades personales deseadas. Escribe como si ya fuera una realidad. Ello exige un ejercicio de sinceridad contigo misma. Identifica lo que realmente deseas, sin limitaciones. Establece un orden de prioridades para tus deseos. Como he verificado a lo largo de mi trabajo frente a empresarios que las mujeres tienen serias dificultades para pedir, lo haremos de la siguiente forma:

Escribe 10 No quiero (qué no deseas que pasen en tu vida).

Ahora ya estás preparada para escribir 10 Sí quiero (pide y se te darán).

¿Cuáles son los bloqueos que se te pueden presentar? Sé específica.

_____

_____

_____

_____

_____

_____

Identifica las creencias que te limitan. Una vez hecho esto, elige cuáles de esas creencias limitantes ya no te son necesarias, pues te están robando la fe en ti misma. Observa cómo te has aferrado a esas creencias. Por un segundo, visualiza cómo sería tu vida si esas creencias formaran parte de tu pasado y, por qué no, elige nuevas creencias.

¿Cuál sería la consecuencia de creer en mis nuevas creencias?

¿Cuánto tiempo más tendrán que esperar la felicidad y el éxito por ti, mujer?

Alguien toca a tu puerta… Es el éxito, mujer… ¿Estás lista para abrirle?

II. Inicia

Te propongo el siguiente reto: investiga en tu entorno el nombre de tres mujeres destacadas económicamente y logra entrevistarlas. ¿Cómo le hicieron? ¿Qué consejo pueden darte? Te sorprenderás enormemente de cómo estas mujeres están siempre accesibles a preguntas inteligentes. Toma nota de todo, es material muy valioso.

III. Sonríe

Una mujer se dirige a cobrar al banco y la cajera que la atiende le pregunta:

—Muy bien... ¿Cómo quiere el dinero?

Ella responde:

—¡Con desesperación!

Un ejercicio práctico que te será de gran ayuda...

Cada día de la semana comenzarás a darte seguimiento personal.

¿Cómo te has sentido hasta ahora?

PRIMERA SEMANA
Lista de retos

Lunes	Martes
Miércoles	Jueves
Viernes	Sábado
Domingo	Logros semanales
Lo siguiente a lograr	Dificultades que enfrente
Objetivo de la próxima semana	Resultado esperado

Conéctate

Coloca tu mano derecha en
el corazón y repite conmigo:
En este momento me comprometo
conmigo misma a dar lo mejor
de mí. Con cada paso que doy,
estoy aprendiendo a vivir con poder.
Si yo creo que lo merezco lo obtengo.

Laboratorio vivencial
"Soy chingona, ¿y qué?"

Irma es una mujer de éxito. Ha logrado muchas metas importantes en el mundo de la belleza. Es excelente negociando y se siente orgullosa de ello. Siempre ostenta que cuida sus dones y los usa. Se distingue por ser honesta, leal y muy justa.

Lo que siente que le urge trabajar es que siempre anda buscando ayudar a las personas que cruzan por su camino. "No... ¡Por favor!" confiesa riéndose de las aventuras que ha tenido que vivir como consecuencia. Le hace falta confiar un poco más en su intuición, y le urge saber cómo hacerlo.

Cuando hablábamos de obstáculos en el grupo, Irma sorprendida preguntó: "¿Cuáles obstáculos? Yo sólo veo oportunidades en la vida".

Le gustaría tener más tiempo, mejorar su salud y, por qué no, mucho más dinero. Definitivamente insistió en la urgencia de tener más tiempo para poder descansar, atenderse y chiquearse mucho más. Le gustaría saber cómo cumplir su misión de vida con éxito, y nos comparte sus secretos para ser una chingona: confiar primero en Dios y después en nosotras mismas. No hacer ningún caso de los juicios que hacen a tu alrededor. No dejar de cuidar nuestras metas. Pedir para recibir. Descubrir nuestros aprendizajes de manera amorosa. "Y, por favor", insiste con todo énfasis, "¡no te castigues! Siente el poder de tu energía y, por favor, jamás te olvides de ¡VIVIR!"

Definitivamente trabajar con Irma ha sido toda una aventura. Es bastante divertida sin embargo, varias veces durante las sesiones, sorprendía su forma clara de decir las cosas y de poner límites.

¿Qué hace que esta mujer chingona tenga tanta claridad de pensamiento? Lo trabajaremos juntas. Al final de este capítulo nuestro cerebro rebosante de conocimiento tomará con más claridad las cosas. ¿Cómo usas tu cerebro, mujer?

2

Cómo piensan
las mujeres chingonas

*"Conocer a los demás es sabiduría,
conocerse a uno mismo es iluminación."*
Lao-Tse

I. Conciencia

Lo primero es conocerse.

Si no hallas dentro de ti lo que buscas, créeme, jamás lo encontrarás afuera. Me atrevo a decirte que si te conoces comprenderás el universo. Si no lo haces estarás perdida. Sócrates, ese increíble filósofo griego, nos invita a conocernos y, por qué no, a reconocer al mismo tiempo nuestra ignorancia. Él afirmaba algo como lo siguiente: "Ser sabio no significa saber más. Ser sabio significa reconocer que no sabemos nunca lo suficiente".

Que tu negocio más importante, mujer, sea conocer tu pensamiento, para entonces poder responder: "¿Cómo puedo cambiar?" "¿Qué deseo cambiar?" "¿Cómo puedo mejorar?" "¿Cómo puedo tener una mejor actitud?"

En algún lugar escuché que tratar de cambiar a alguien no sirve por tres razones: la primera, no funciona; la segunda, no funciona y, la tercera, no funciona. Pues cada uno es guardián personal de la puerta de los cambios. No puedo abrir la puerta de otro, ni con los mejores argumentos del mundo. Sin embargo, si algo te molesta o te inquieta es que te pide cambios, pero cambios internos, es decir, cambiar la forma de ver las cosas, verlas desde otra óptica.

¿Cuántas veces justificas tus actitudes y esas situaciones incómodas? Excusas y más excusas, todo para no hacerte responsable de tu conducta. Ya después inventarás razones para justificar tu sufrimiento: "¿Por qué me pasa esto a mí?" "¿Por qué me siento abatida y sola?" "¿Por qué tengo que volver a intentarlo?"

Tal vez, si cambiamos las preguntas, encontraremos mejores respuestas. ¿Qué oportunidad se abre ante mí en medio de esta crisis? ¿Qué alternativas no han sido experimentadas? ¿Cómo llegué hasta aquí? ¿Qué puedo aprender de esta experiencia? ¿De qué soy capaz? ¿Dónde quiero estar? Las preguntas dan dirección a tu atención y a tu manera de sentirte. Yo agregaría otras preguntas al momento de intimidad emocional que estamos logrando: ¿De qué manera podría sentirme feliz en este instante? ¿Qué agradezco verdaderamente hoy? ¿Qué tiene que suceder para que me sienta exitosa? ¿Cuándo comenzaré? ¿Qué aprendí de mis respuestas?

Más que pasividad y resignación, las mujeres requerimos encarar las dificultades de la vida como un reto. Creernos nuestros talentos y nuestra fuerza, y adquirir coraje para dar el siguiente paso. Una mujer emocionalmente sana no espera que nada exterior la haga feliz, toma las riendas de su propio desarrollo.

Pero, ¿cómo salir del molde del convencionalismo? ¿Cómo no perder el equilibrio? ¿Cómo no pasar constantemente de la gula del poder a la anorexia del poder? ¿Cómo tener claros los intereses personales y luchar por el acompañamiento íntimo? ¿Cómo actuar pensando libremente?

¿Existe una psicología de la mujer chingona?

La respuesta es: sí. Hombres y mujeres pensamos, sentimos y actuamos diferente. Las investigaciones indican el peso de los estereotipos en nuestra vida. Estamos inmersas dentro de una cultura patriarcal, es nuestra realidad. Y esto lo vislumbro en el acompañamiento a las mujeres empresarias. Hay una naturaleza de experiencia femenina de limitación en el ámbito laboral y me refiero, entre otros aspectos, al profundo sentido de culpa en mi opinión inconsciente, sintiendo que no somos lo suficientemente buenas en cualquier cosa que hagamos. Pareciera que nos cuesta creer que somos capaces.

Históricamente, la mujer se ha llegado a acostumbrar a la injusticia y el maltrato, llegando incluso a normalizarlo, para sobrevivir; aunado a nuestra necesidad ancestral de ser atendidas, cuidadas o protegidas y, por sobre todas las cosas, "evitar estar solas" (léase sin pareja). Esto viene de nuestra formación ancestral: la madre se siente orgullosa, por esencia, de atender a los hijos varones y se descansa en sus serviciales y amorosas hijas. Para salir de nuestra esclavitud mental, todas las mujeres debemos arriesgarnos a experimentar dificultades y olvidarnos del absurdo que paraliza nuestra mente con la frase "Todo tiene que estar bien". Necesitamos afirmar más y enfrentarnos al conflicto, es decir, tenemos que definirnos para poder poner límites y renunciar a nuestro rol de víctima en nuestra historia personal.

La educación y la formación nos señalan que, como mujeres, debemos formarnos con la expectativa de que seremos madres y nuestra vida laboral se verá "afectada" e interrumpida, queramos o no. En la mayoría de las mujeres, la posibilidad de tener éxito laboral va acompañada del periodo en el que nos debemos consagrar a la crianza de los hijos, lo cual se vuelve un dilema. Agreguemos a esto el terrible peso de la culpa social de la mujer que trabaja, de los múltiples problemas de los hijos, lo cual sigue siendo un lastre en el desarrollo personal y profesional de las madres, cosa que los padres no enfrentan.

¿Pero cómo hacer un cambio chingón?

No sólo debes sanarte individualmente, también puedes ser ejemplo de cambio. Y esto último sirve a toda la humanidad, no sólo a las mujeres.

Te comparto el siguiente caso:

Un incidente particularmente desagradable en mi vida me enseñó una lección. "Nunca vas a lograr nada..." me dijo un hombre importante en mi vida. Afortunadamente se equivocó, pero sentí la punzada de su mordaz comentario.

Carmen Reyes, 40 años
Empresaria

¿Qué lección puedes aprender de tu colección de comentarios no adecuados en contra de tu autoestima?

¿Qué área de tu vida te satisface más?

¿En qué áreas no te sientes realizada?

¿Cómo puedes realizar cambios en tu vida que te hagan feliz?

¿Qué estás haciendo para crear la vida que quieres?

¿Cómo está tu autoestima?

La autoestima es un tema fundamental en la psicología femenina. El grado de nuestra autoestima es proporcional al desarrollo de metas significativas en nuestra vida. La manera en que nos sentimos con nosotras mismas afecta decisivamente todos los aspectos de nuestra experiencia tanto en el amor, como en la familia y, mucho más, en nuestro trabajo. Nuestra autoestima influye poderosamente en nuestra forma de pensar.

Para mejorar nuestro pensamiento debemos mejorar nuestra autoestima y, para ello, sólo conozco una estrategia: la autoexploración mental. Esto consiste en un diálogo interno, permanente, fluido y adecuado, sin críticas excesivas, ni falsas motivaciones.

No es dedicando tiempo a tu maquillaje, ni actuando con prepotencia, como podrás lograr un mayor desarrollo de tu autoestima, conseguirlo sólo implica una gran dosis de autoconocimiento.

Se han realizado diversos estudios que demuestran que el hombre tiene mejor autoestima que la mujer. Quizá porque el rol del hombre está más valorado, mientras que la mujer se niega a reconocerse y valorarse. Siendo sinceras, tendemos más a ver nuestros errores, e incluso a adoptar los errores de la pareja y los hijos como propios. Justo lo contrario a los hombres. Mientras una mujer argumenta que tuvo mucha suerte para lograr el éxito, el hombre argumenta que trabajó muy duro para conseguirlo.

¿Llegó la hora de ser una chingona?

Algunos dicen que es necesario tocar fondo para cambiar.
Yo siento que podemos cambiar simplemente si estamos
convencidas de ello.

"Quien no está dispuesto a hacer pequeños cambios,
nunca hará grandes cambios."
Gandhi

Hace unos años asistí a una cena de generación en
donde reconocían públicamente a algunas personas. Después de no recibir un reconocimiento, mi amiga Yolanda
me dijo enfadada:

—Estoy tan cansada de luchar por ser reconocida. Nadie valora lo que hago, ni mi dedicación, nada. ¡Estoy harta!

—Lo más difícil —le dije— es cambiar nuestra forma
de pedir las cosas.

¿Qué hace que te sientas no valorada?

¿Qué haces para revertir la situación?

¿Qué debes cambiar para tener una mejor experiencia?

Antes de irnos, Yolanda tomó el micrófono del evento
y dio las gracias por tan agradable cena. Dirigió unas palabras a toda la generación que conmovieron a los presentes
hasta las lágrimas. Al salir todos se acercaban a abrazarla,
felicitándola y reconociendo lo conmovedor de su discurso.

—Es increíble cómo, con un cambio de actitud, cambió
el sentido de esta noche para mí —comentaba Yolanda con

mucha emoción. Se sentía feliz de haberse dado la oportunidad de cambiar su actitud ante la vida. Nuestra actitud es proveedora de lo que sentimos y no los factores externos.

Una nueva psicología en la mujer chingona

*"Sólo piensa hermosos y maravillosos pensamientos
y ellos te elevarán por el aire."*
Peter Pan

Peter pan, este mágico personaje de fantasía, nos enseña que si en realidad quieres vivir una buena vida tienes que pensar hermoso. Ya lo dicen las Sagradas Escrituras "Como piensas en tu corazón así eres". La mejor forma de tener éxito en la vida, mujer, es actuando en el presente.

Wendy, el personaje que lo acompaña, adopta el rol de madre protectora de Peter, la madre de todos los niños perdidos, mientras un tercer personaje denominado "campanita" vive libre y lleno de alegría. Pongámoslo un poco más claro.

Tú puedes pensar con libertad, como Peter; como madre rescatadora, como Wendy, o como un ser espontáneo como Campanita. Sólo te pido que te observes.

Trabajo vivencial

Consigue una fotografía de tus padres. Obsérvala detenidamente. Ubícate en lo que siente tu madre, su posición corporal, su mirada.

¿Cómo te identificas con ella?

¿Qué cambiarías de cómo te sientes?

¿Qué le pedirías a ella que cambie?

Lo que ha hecho o dejado de hacer tu madre contigo, no es tan importante como lo que tú haces o dejas hacer cada día contigo misma. Este ejercicio te permite tomar consciencia clara de tu forma de pensar respecto a tu relación materna. Y en constelaciones familiares, la forma en la que piensas de tu madre determina la calidad de tus relaciones personales.

Psicología de una mujer que decide pensar como una chingona:

1. Acepta que para triunfar tiene que autoobservarse.
2. Dedica tiempo a autoobservarse.
3. Sigue adelante sin juzgarse.

Jean Claude, campeón olímpico esquiador, ensayó mentalmente después de una lesión y ¡ganó una competencia! Sólo entrenando mentalmente.

Liu Chi Kung pasó siete años en la cárcel sin tocar el piano; al salir ganó en una competencia. Argumentó que ensayó cada día mentalmente en la cárcel.

Son ejemplos claros del poder de la mente.

Responde.

¿Eres tú misma independientemente de las circunstancias?

¿Encuentras oportunidades en cada dificultad?

¿Piensas que puedes levantarte si te caes?

¿Usas todos tus talentos?

¿Mereces tener éxito?

Revisa tus respuestas y evalúa cómo piensas de tu vida. Todo nos puede ser quitado salvo una cosa: elegir nuestra forma de pensar y, como consecuencia, elegir el camino.

*"Todos tenemos un propósito en la vida; un don singular,
o un talento especial, que podemos dar."*
Deepak Chopra

Ponle atención a tus pensamientos

Recuerda que eres responsable de lo que piensas. Para trabajar con tus pensamientos: escúchalos, sé paciente y perseverante. Cuando uno sabe cómo piensa puede llegar a cualquier parte. Saber cómo piensas es todo un proceso que te esclarece a dónde quieres llegar y qué energía enfocarás para lograrlo.

"Todo lo creado fue antes pensado."

¿Cuál es tu experiencia con tu forma de pensar?

¿Cómo usas tu pensamiento?

¿Cómo piensas?

¿Piensas que mereces el éxito?

¿Eres capaz de pensar cuando estás de mal humor?

No sólo saber pensar genera riqueza, sino que ayuda a poder conservarla. Vivian Nicholson ganó el premio mayor en un concurso, estamos hablando de millones. Poco tiempo después quedó viuda. Se casó cinco veces más, se volvió alcohólica, intentó suicidarse y terminó viviendo con una miserable pensión.

Willie Hurt ganó millones que gastó en su divorcio y en drogas. Fue acusado de asesinato. Antes de ganar la lotería tenía una familia y era estable. Perdió mujer e hijos.

Ejercicio

Piensa en un árbol. Si nosotros fuéramos un árbol, nuestros frutos serían el resultado de nuestra forma de pensar. La mayoría vemos los resultados, pero cómo piensas es la semilla, lo que no se ve. Los resultados se ven, los pensamientos No. Si quieres cambiar lo que se ve (resultados) cambia lo que no se ve (pensamientos).

Toca tu cabeza y repite conmigo: "Tengo una mente exitosa".

Las mujeres exitosas piensan de determinada manera. Como piensas orienta tus pasos. Por favor, cuida que tus pensamientos alimenten tus éxitos.

Escribe cinco afirmaciones que hayas escuchado en tu familia sobre tener éxito siendo mujer.

_____

_____

_____

_____

_____

¿Cuál sería una forma de pensar que, como mujer, te favorezca para tener éxito?

_____

_____

_____

_____

_____

Es curioso, pero me percaté de que mujer que se queja, mujer que piensa mal. Si queremos tener éxito, centrémonos en pensar en ganar. Si sólo queremos quejarnos, pensamos como perdedoras.

II. Inicia

Te sugiero iniciar un diario personal de éxitos donde, a partir de hoy, llevarás un registro de tu plenitud como mujer.

Un ejercicio práctico que te será de gran ayuda...

Cada día de la semana comenzarás a darte seguimiento personal.

¿Cómo te has sentido hasta ahora?

SEGUNDA SEMANA
Lista de retos

Lunes	Martes
Miércoles	Jueves
Viernes	Sábado
Domingo	Logros semanales
Lo siguiente a lograr	Dificultades que enfrente
Objetivo de la próxima semana	Resultado esperado

Conéctate

Coloca tu mano derecha en el corazón
y repite conmigo:
Queridos papá y mamá,
gracias por la vida que me dieron.
Denme su bendición para hacer
las cosas a mi manera cuidando
de no maltratarme.
¡Ahora, de mi felicidad me encargo YO!

Laboratorio vivencial
"Soy chingona, ¿y qué?"

María Jacqueline es una mujer extremadamente fuerte. Se siente muy orgullosa de cómo ha salido adelante de la adversidad. Es una experta en ventas, labor que desarrolla desde muy corta edad. Su vida no fue fácil, nos compartía en el laboratorio vivencial, "pero estoy aquí firme como un roble, mis hijos me dan fuerza y sacarlos adelante se ha convertido en parte de mi vida ideal. Ha dejado de ser sólo un reto para sobrevivir, y se ha vuelto una constante de crecimiento personal.

Se describe como una mujer muy valiente, inmensamente capaz y, la muy presumida, afirma ser guapa (cosa que es cierta), exigente, majadera y bastante impaciente. Un obstáculo a vencer en esta vida es la desconfianza que siente por todo lo que ha tenido que vivir sin derrumbarse. Sin embargo, su vida ideal, nos compartía, tiene que ser muy desahogada económicamente, que le permita disfrutar de sus caprichos y viajar por todo el mundo.

No ha sido fácil para ella vencer sus miedos, pero ya ha superado más de uno. Le gustaría poder gritar a los cuatro vientos que no hay nada que temer, y que cuando una mujer no logra lo que quiere es porque se autosabotea.

Comparte con nosotras algunas sugerencias para llegar a ser una mujer chingona: confianza en la vida; conocimiento, hay que preparase todo el tiempo en aquello a lo que te dedicas para ser la mejor; hay que ser muy paciente para poder recoger los frutos de tu esfuerzo, y ser obediente a las leyes del universo. María Jacqueline transmite en su fortaleza las cicatrices que han sanado después de grandes batallas ganadas. Si pudiera describir su historia diría que es un campo lleno de minas, sobre las que ella ha sabido danzar con gracia y salir ilesa.

Disfruto tanto al observar a estas doce mujeres intercambiar experiencias. No fue tan sencillo, en los primeros días del laboratorio su expresión era superficial. Todas ellas habían sido mis pacientes, por lo que me ostentaba de conocerlas profundamente. Sin embargo, verlas a todas juntas fue un reto muy interesante. No cedían terreno, pero poco a poco iban compartiendo espacio, hasta llegar a acurrucarse cerca, muy cerca, del corazón de Dios, donde se permitieron confesar sus secretos y pude contemplar el respeto y el acompañamiento mutuo sin invadirse, pero sin perder cercanía. En cada sesión se fueron destruyendo sus máscaras y se mostraron tal cual, vulnerables y fuertes a la vez.

Pude ver que, al igual que tú y que yo, ellas tienen miedo; pero también, al igual que tú y yo, pueden elegir vencerlo sin reserva de energía para otro día. De momento a momento. No se los digas, que ellas no sepan que no tienen nada de extraordinario; simplemente se atrevieron a retarse a sí mismas a salir de su cascarón y volar como lo hace un águila, los expertos dirían que es cuestión de decisión.

3

Decide sin miedo, ¡eres una chingona!

"Fe es creer lo que todavía no ves; la recompensa por esa fe es ver lo que crees."
San Agustín

I. Conciencia

"La mujer sigue teniendo, hoy en día, una doble carga, ganar un sueldo y dirigir un hogar."

¿Por qué motivos trabaja una mujer?

¿Existe la felicidad para la mujer que trabaja?

¿Qué es la toma de decisiones en la vida de una mujer?

¿Cuáles son los procesos más efectivos para tomar decisiones?

Quisiera ser hombre para lanzarme a cualquier parte. Sí trabajo, y quizá lo hago con esa secreta finalidad: ser libre. ¿Soy libre? Sí, soy libre. Soy libre porque puedo llegar a mi casa a la hora que quiero después de trabajar. Ni mi madre, ni mis hermanas, me preguntarán dónde estuve ni lo que hice. ¿Soy libre? Sí, soy libre en la definición externa, pero en mi interior no soy libre.

Observo el espectáculo de las mujeres a mi alrededor, ninguna da señales de una auténtica libertad.

Guillermina

¿Por qué trabajas? ¿Para qué trabajas?

Escribe tres razones por las que una mujer debe trabajar.

1. _____
2. _____
3. _____

Hombres y mujeres manejan su vida personal y profesional de diferente manera. Los hombres, por naturaleza, navegan más libres y con menos cargas cuando de trabajar se trata. Se complican mucho menos en sus labores. Disfrutan más de lo que hacen. En cambio las mujeres somos otro rollo, queremos resolverlo todo al mismo tiempo: la familia, el trabajo y la vida personal.

Estos son algunos conflictos a los que percibo que nos enfrentamos las mujeres, en la toma de decisiones, en nuestra vida laboral:

- Ajustar nuestros horarios a los de la familia.
- Carga con la familia, cuidado y educación de los hijos.
- Guarderías y culpa por dejarlos ahí.
- Combinar trabajo, familia y satisfacción de la pareja y, de paso, satisfacción personal.
- Tareas domésticas, mínimo coordinarlas si tiene quién la ayude —que será, por cierto, otra mujer.
- Variedad de papeles sociales y, para colmo, todos son agobiantes por nuestra auto exigencia.

Al hacer la pregunta: "¿Qué criterios son importantes para ti, mujer, a la hora de tomar decisiones sobre tu carrera profesional?" Un gran porcentaje afirma que el equilibrio entre vida personal, familiar y profesional. Trabajemos un poco con ello. Lee detenidamente la siguiente lista de prioridades:

1. Tu proyecto profesional.
2. La relación con tus hijos.
3. La sociedad.
4. Tu mundo personal.
5. Relación con tu pareja.
6. Compromiso con tu empresa.
7. Relación con tus compañeros.
8. Relación con tus padres.
9. Relación con tu jefe.
10. Relación con tus amigos.

Escribe tu propia jerarquía.
1. _____
2. _____
3. _____
4. _____
5. _____
6. _____
7. _____
8. _____
9. _____
10. _____

¿Cómo hacer a un lado la culpa y tomar decisiones?

Irma Zúñiga es una empresaria de 42 años. Para ella su carrera comenzó cuando era niña y se veía transformada ante el espejo. Hoy se dedica a maquillar celebridades. Su mayor dificultad al abrir su empresa no fue el miedo, sino, su excesiva confianza. Tuvo que aprender a cuidarse más, a buscar el equilibrio entre su mundo empresarial y el personal. Su secreto… Lanzarse sin miedo a realizar sus sueños. Sólo agregaría el ser más precavida al seleccionar a su equipo de trabajo.

Pero ¿cómo tomar decisiones sin culpa?

La mayoría de las mujeres deseamos tener la libertad de elegir si trabajar o no y, de hecho, hoy en día casi todas optamos por trabajar. Y esta no es una decisión basada en la situación financiera, es una elección guiada por el deseo de encontrar oportunidades fuera de la casa, para expresarnos y hacer una contribución productiva a la sociedad.

El reto con las decisiones es que, cuando estás frente a una, tienes que elegir y, más importante aún, tienes que elegir correctamente. Te guste o no, la responsabilidad radica en escoger entre todas las posibles decisiones que puedes tomar, y se supone que debes hacerlo sin miedo, sin culpa y sin remordimientos.

Para la mujer, que tiene escasa práctica en ello –puesto que hasta hace muy poco era el marido, padre, o familiar varón quien tomaba decisiones por ella– esto es un serio problema. La mujer tiembla ante la posibilidad de tomar decisiones equivocadas, esto le resulta aterrador. Puesto que nos cuesta mucho perdonarnos, tratamos a toda costa de jamás cometer un error al tomar decisiones como: ¿Debo tener hijos primero o enfocarme ahora en el trabajo? ¿Debo seguir mi vocación ahora o esperar a tener suficiente dinero ahorrado en el banco? ¿Es mejor tomar un trabajo con pocas responsabilidades y dinero si esto significa más tiempo con mi familia? ¿Termino mi proyecto o juego con mi hija? ¿Busco una guardería o que mi suegra cuide a mis hijos? ¿Pido un aumento o me quedo callada? ¿Cuido a mi madre o le pago a alguien para que lo haga por mí?

Ya sé lo que me dirás: "Los hombres están expuestos a múltiples decisiones todos los días". Cierto, pero los hombres están libres de los interminables cuestionamientos, señalamientos y culpa que parecen acompañar a tantas decisiones de las mujeres.

El dolor y la presión del exceso de toma de decisiones afectan más a la mujer que al hombre. Las mujeres tenemos que aprender la habilidad de tomar decisiones sin miedo, sin culpa y sin remordimiento. Tenemos que aprender cómo el tomar decisiones te hace más fuerte.

> *"Uno nunca se da cuenta lo que se ha hecho,*
> *uno sólo puede ver lo que queda por hacer."*
> Marie Curie, científica francesa

Es extraño, pero las mujeres asumimos un papel incansable de hacer por hacer. Y, contrariamente a lo que piensas, mientras más hacemos, menos avanzamos. Así que, querida amiga, tómate tiempo para decidir adecuadamente; valora tus necesidades y prioridades; date permiso de equivocarte y actúa.

Ejercicio para tomar decisiones

Define el problema. Si no lo puedes definir no hay manera de avanzar. Vamos, tómate un tiempo, relájate y define claramente cuál es el problema que te implica tomar una decisión.

_____

_____

_____

_____

_____

_____

**La decisión siempre implica dos o más alternativas.
Anótalas a continuación.**

a) _____

_____

b) _____

_____

_____

Con cada decisión obtienes una ganancia y una pérdida. Aprende a valorar y desarrollar la capacidad de ser resistente a la frustración, esto es, a aceptar que no puedes tener todo cuando quieres, como quieres y sin esfuerzo; te ahorrarás muchos dolores de cabeza. También es importante que en esa hoja de decisiones apuntes consecuencias positivas, negativas y riesgos. Prepárate para asumir la responsabilidad sobre los resultados, aunque no te sean muy agradables.

Autoevalúa los resultados y el proceso de decisión

Si te equivocas, reflexiona con lápiz y papel. ¿Quizás elegiste lo más fácil y no lo mejor? Al tomar la decisión, necesitaste plantearte beneficios a largo plazo, también tuviste que renunciar a algunas cosas que te gustan más, pero que no te ayudan a conseguir metas.

No decidir es tomar la decisión de que los demás dirijan tu vida

Es importante que no cedas tu poder personal al evitar decidir. Pon mucha atención a la siguiente historia que por cierto, como todas las que forman parte de esta obra, es real. Sólo han sido cambiados los nombres para efectos de proteger la intimidad.

Sol, una mujer de 50 años, llegó a mi consultorio. Acababa de hacerse una operación estética en el busto y se sentía muy orgullosa de cómo se veía. Tenía muchas ilusiones de volver a reencontrarse con su marido, que hacía años radicaba en Estados Unidos, por lo que podía verlo aproximadamente una o dos semanas al año. Siempre había trabajado a la par del marido además de sacar adelante a sus hijos, dos hombres y una mujer. Sol sentía que era el mejor momento de su vida. Quería renovarse totalmente, por dentro y por fuera, en espera de ese encuentro definitivo con su pareja.

–Faltan sólo tres meses –me decía emocionada. Se refería a que su marido se vendría a vivir a México, para dedicarse a viajar con su esposa, como regalo a la larga espera.

Sol recibió una llamada tan sólo dos semanas antes del anhelado regreso. Una mujer le decía que conocía a su esposo, que ella tenía siete hijos de su relación con él durante esos 20 años del retiro laboral en el extranjero. ¡Siete hijos! Todos esos años de arduo trabajo en pareja habían sido compartidos con esa misteriosa mujer, quien le dijo que sentía mucho ser la portadora de la noticia. Su marido no tenía dinero ni para el viaje de regreso a México. Por lo que más bien ella le pedía que los dejara seguir, pues los hijos de Sol ya eran unos jóvenes, y los de ella eran apenas unos niños.

Sol se derrumbó. Dejó de comer y se negó a decir una sola palabra a sus hijos para no causarles dolor. Tres meses después vino al consultorio el hijo mayor de Sol. Me contó que su madre se había muerto. Sin saber las causas exactas. Su padre, que ahora ya estaba en casa, les había dado la noticia de que viviría en México acompañado, por supuesto, de su nueva familia. Los hijos de Sol ya no viven en su casa, cada uno vive con algún familiar: tíos o abuelos. El marido de Sol, su nueva mujer y sus siete hijos disfrutan del que fue el hogar de una mujer que murió ante la disyuntiva de tener que decidir. En muchas de mis conferencias me han acompañado los hijos de Sol. Al terminar esas presentaciones, no puedo evitar suspirar por no haber visto a esa mujer disfrutar de sus hijos.

Decide, atrévete a equivocarte y aprende de ello. Rectificar es de sabios.

Analiza las alternativas de decisión. Recuerda que siempre elegimos entre dos o más cosas. Cada cosa tiene su lado bueno y su dificultad, quiere decir que algo gano y a algo renuncio, o incluso pierdo, tome la decisión que tome.

Elección 1: listas de lo que me gusta y lo que no me gusta de esta alternativa.

Elección 2: listas de lo que me gusta y lo que no me gusta de esta opción para decidir.

Y de esta forma analiza los pros y contras a corto, mediano y largo plazos, de todas las alternativas.

Pasos de un modelo efectivo para tomar decisiones

- Reconoce qué tan urgente es tu necesidad de tomar una decisión. Date un espacio para ello.
- Identifica tu forma personal de pensamiento, no lo que piensan los demás.
- Establece prioridades. Tus prioridades personales.

- Desarrolla las alternativas visibles. Y yo me atrevería a jugar un poco con ello y también pondría alternativas un poco disparatadas.
- Selecciona la mejor alternativa conforme a tu filosofía de vida; la que te genere paz interior.

Otra forma

1. Definición del problema a resolver. No más de un renglón.
2. Convierte tu definición en pregunta.
3. Presentación de alternativas viables.
4. Selección de respuesta efectiva.

Ejemplo:

1. Mi problema es que me cuesta mantener el orden en casa.
2. ¿Cómo puedo mantener el orden en casa?
3. Contratar a una persona que haga el aseo.
   Levantarme dos horas antes y hacer el aseo por la mañana.
   Hacer el aseo antes de dormir.
   Dividir funciones y que cada quien haga una parte.
4. Contratar a una persona que haga el aseo. Privarme de ciertas salidas para pagar su sueldo.

Características emocionales de una toma de decisión

Cada decisión implica un riesgo. Distingue las decisiones riesgosas de las decisiones caprichosas, es muy distinto. No se debe decidir sólo por corazonadas, sino por decisiones estudiadas. Lo que no debes hacer es tomar decisiones a cara o cruz, o dejar que alguien más las tome por ti.

Mireya es una mujer de 30 años que se encuentra en su mejor momento profesional. Me escribió el siguiente correo:

Estimada Blanca:

Mi novio no trabaja, pero su familia tiene mucho dinero. Siempre me había contado de su temor de que las mujeres lo vieran como una inversión. Llevábamos dos años saliendo juntos. Empezaba a esperar algo más formal de la relación, pues ya no éramos unos niños. Yo soy una mujer que trabajo y me mantengo a mí misma. Sencillamente quería casarme con él porque lo quería. Nunca me habló de la posibilidad de casarnos. Parecía que siempre rompía con sus novias antes de llegar al compromiso formal. Yo quería mostrarle que era diferente.

De pronto en mi empresa me ofrecieron una gran oportunidad de trabajo y se lo comenté. Su respuesta fue que tomara mi decisión, pero que si aceptaba implicaba que él no me propusiera matrimonio jamás, y me aseguró que ya casi lo estaba pensando. Intenté ser comprensiva y, además, me moría de miedo al pensar en perderlo. Lo sopesé profundamente. Decidí aceptar el puesto. Por supuesto que me terminó. Él sigue sin trabajar y yo ahora en mi nuevo puesto de trabajo me siento plena y feliz. Por cierto estoy saliendo con un hombre maravilloso que en tan sólo tres meses de conocernos me ha hecho la aclaración de que desea algo muy serio. Antes de un año quiere que nos casemos. Me alegro tanto de haberme arriesgado.

Todo puede pasar. Cada decisión genera múltiples posibilidades. Lo que a su vez nos ocasiona:

- Ansiedad
- Depresión
- Miedo

El uso de la creatividad puede ayudarnos en este proceso. Se dedica un capítulo completo a la creatividad en la presente obra, pero de manera general quiero compartirte que el optimismo y la flexibilidad, así como tu autoestima, serán tus principales herramientas para salir de este abismo personal.

La confianza puede ser ese sentimiento que genera un marco de conducta accesible hacia un mejor futuro del que esperamos las mujeres, y también nuestra llave del éxito. Estamos en un mundo incierto, inmerso en profundos cambios, y en medio de este caos vivimos nuestra vida. Porque en nuestro interior existe un espacio, que nadie nos puede quitar, donde reside la certeza de quiénes somos: "mujeres chingonas".

Un cuento zen
La historia de Miralepa

Dicen que una discípula fue a ver a su maestro al Tíbet. Era tan humilde, pura y auténtica que las otras discípulas sintieron celos y envidia, por lo que decidieron deshacerse de ella.

—Si realmente crees que el maestro puede salvarte, lánzate desde este abismo. Si confías no pasará nada —le dijeron malvadamente.

Miralepa saltó confiada. Las mujeres bajaron corriendo a tres mil pies de profundidad esperando encontrarla despedazada, pero la encontraron en posición de flor de loto y tremendamente feliz. Abrió sus ojos y les dijo:

—Tenían razón, la confianza salva.

Sus compañeras pensaron que era una coincidencia. Así que cuando un día tuvieron que cruzar un río en una barca, le dijeron:

—Tú no necesitas una barca. Tienes tanta confianza que puedes caminar sobre el agua —pretendían que se ahogara pero, para su sorpresa, caminó sobre las aguas. Esta vez el maestro se dio cuenta y le preguntó:

—¿Qué estás haciendo?

—Tú me has dado este poder, maestro.

El maestro probó y murió ahogado.

Aplica esta metáfora a tu vida. Algunas veces una buena alumna supera al maestro, por lo que **no** debes confiar más en el otro que en ti misma.

Observa de cerca el conflicto

Mi nombre es Paloma, vivo en la ciudad de México, tengo 30 años, soy trabajadora social y tu radioescucha en el programa "¡Sí se puede!".

El año pasado inicié una relación de noviazgo con Gilberto, de 31 años de edad, politólogo de la ciudad de Guadalajara. Nos conocimos en Cuba en una brigada de solidaridad México-Cuba, cada quien iba en representación de su universidad. Desde ahí nos hicimos muy buenos amigos, él venía a visitarme y yo iba algunas veces a Guadalajara.

Me encantaba hablar por teléfono con él, el chat, los mensajes, en fin, yo disfrutaba mucho estar en comunicación con Gilberto. Ambos teníamos pareja, sin embargo era tanto el gusto por estar juntos que primero decidí terminar mi relación, y al siguiente año él terminó con su novia.

Ambos jugamos limpio, no nos besamos ni algo más, hasta que fuimos novios. Eso fue el año pasado. La relación comenzó muy bien, a pesar de la distancia nos veíamos a menudo y estábamos en comunicación. El año pasado Gilberto sufrió una crisis de hipertensión, por tanto estrés en su trabajo, que lo llevó al hospital. Desde ese momento nuestra vida cambió; hablo de nuestra vida, porque la mía también se modificó, los doctores no sabían a ciencia cierta qué pasaba con su cuerpo y hasta llegaron a diagnosticar que algo no estaba funcionando bien con su corazón, con su riñón, que era algo muy raro y que podía morir. En todo ese tiempo yo lo acompañé, a pesar de la distancia yo hacía mis tiempos para ir a verlo y algunas veces acompañarlo al doctor. Así pasaron unos meses, hasta que él cayó en depresión, sentía mucho miedo, lloraba mucho por la incertidumbre de no saber qué tenía. Yo lo escuchaba y era empática con él, lo acompañaba lo más que podía desde acá, pero eso no fue suficiente.

Su mamá pertenece a una iglesia cristiana (yo le llamo ortodoxa rígida), ella llamó a los miembros de su iglesia para que fueran a casa de Gilberto a orar por su salud. No entiendo bien qué rituales hacían, él me decía que le daba más miedo, que se sentía peor. Para no hacerte la historia larga, él se cambió en poco tiempo a esa religión, se bautizó y comenzó a asistir a los cultos y reuniones, hasta ahí nuestra relación iba bien, nos queríamos mucho, fluíamos bien en comunicación, compartíamos nuestras historias, nos escuchábamos, en fin, éramos felices.

Teníamos planes de casarnos en mayo de este año, pero cambiamos de planes porque Gilberto ya no quería que estuviéramos separados, él viviendo en Guadalajara y yo en México. Entonces decidimos adelantar los planes para enero de este año.

En noviembre del año pasado fuimos a la playa una semana, la pasamos muy bien, fue un viaje maravilloso. Él me aceptaba como yo era, a pesar de que yo no era como las mujeres de su iglesia, falda larga (todos los días), no usan aretes, pelo largo (no se lo cortan, ni se lo pintan). En fin yo soy todo lo contrario a las mujeres de ahí.

En diciembre me llamó y me dijo que había recibido un mensaje de Dios, en el que le decía que cosas muy buenas se venían para él, pero que eso implicaba que yo tenía que cambiar de religión ya. Para mí fue una noticia de locura, ¿cómo?

Tomé el autobús a Guadalajara para salir de dudas y me encontré a un hombre fanatizado y cegado por su religión, no hubo negociación, él puso el ultimátum, o te cambias o esta relación se termina.

Yo decidí terminar la relación, sentí que si entraba a esa religión iba a dejar de ser yo misma, estaría siendo infiel a mis principios y valores. El amor no es así. Para mí una relación es empatía, congruencia y aceptación incondicional. Mi voz interior me dijo, "Paloma si sigues aquí estarías siendo incongruente". Entré y salí de mi crisis.

Es un hecho que Paloma manejó su estado de crisis con mucha sabiduría. Es un gusto recibir cartas así. Para ello, es necesario un manejo efectivo de nuestras emociones y aprender a identificarlas, auto tranquilizarnos, diseñar y seguir un plan en caso de crisis.

Así que relájate y aprende a tomar buenas decisiones.

¡Equivocándote cuando sea necesario!

II. Inicia

Durante esta semana, por cada decisión que debas tomar, genera cuatro o cinco alternativas para tomar en cuenta, por absurdas que éstas te parezcan.

- Corre un riesgo por día.
- Anota 30 riesgos a correr.
- Todas las noches elige uno y vívelo al día siguiente.
- 30 riesgos para salir de mi zona de confort.
- Sí lo hice... ¿cuál es mi próximo riesgo?
- Pase lo que pase, recuerda decirte a ti misma en voz alta "Lo manejaré".

III. Sonríe

Juan invitó a su madre a cenar una noche en su apartamento de soltero. Durante la cena, la madre no pudo por menos que reparar en lo hermosa que era Lourdes, la compañera de apartamento de su hijo. Ella había tenido sospechas de que Juan tenía una relación con Lourdes. En el transcurso de la velada, mientras veía el modo en que los dos se comportaban, se preguntó si estarían acostándose. Leyendo a su madre el pensamiento, Juan le dijo: "Mama sé lo que estás pensando, pero te aseguro que Lourdes y yo sólo somos compañeros de apartamento". Aproximadamente una semana después, Lourdes le comentó a Juan que desde el día en que su madre había ido a cenar, no encontraba el cucharón grande de plata para servir la sopa. Juan le dijo que dudaba que se lo hubiera llevado, pero que le escribiría una carta. "Querida mamá: no estoy diciendo que tú tomaras el cucharón de plata para servir sopa, pero el hecho es que desapareció desde que tú viniste a cenar a casa." Unos días más tarde, Juan recibió una carta de su madre que decía: "Querido hijo: No estoy diciendo que te acuestes con Lourdes, pero si Lourdes se acostara en su propia cama, ya habría encontrado el cucharón de plata".

Un ejercicio práctico que te será de gran ayuda...

Cada día de la semana comenzarás a darte seguimiento personal.

¿Cómo te has sentido hasta ahora?

TERCERA SEMANA
Lista de retos

Lunes	Martes
Miércoles	Jueves
Viernes	Sábado
Domingo	Logros semanales
Lo siguiente a lograr	Dificultades que enfrente
Objetivo de la próxima semana	Resultado esperado

Conéctate

Coloca tu mano derecha en el corazón
y repite conmigo:
Sí quiero ser exitosa.
Soy valiosa.
Actúo a pesar de mi miedo.
Me valoro, me apruebo y me amo.

Laboratorio vivencial
"Soy chingona, ¿y qué?"

¿Cuál es tu juego?

Alma Angélica es una mujer apasionada por la vida. Le gusta vivir en armonía, y definitivamente su forma de vestir refleja que cuida cada detalle.

Es una empresaria importante que busca ayudar a los demás con su trabajo. Se define como una mujer no rencorosa y bastante comprensiva. Siempre busca entender lo que le ocurre al otro. Tiene mucha visión para los negocios y una habilidad sorprendente para manejar sus finanzas. Se define como honesta, tenaz, persistente en todo lo que quiere hacer. Reconoce que es bastante aprensiva, preocupona y quiere todo para ayer. Su principal obstáculo a vencer, precisamente, es la impaciencia. Se visualiza en su vida ideal más relajada que en el presente, disfrutando cada momento muy feliz.

Le hace falta desarrollar su fe en Dios y en el amor universal. En cuanto a recomendar a las mujeres algo para que se sientan lo suficientemente chingonas, nos dice que busquemos ser independientes emocional y económicamente, y que nos atrevamos a trabajar con más intensidad.

"¡Cómo nos complicamos la vida!" pensaba Alma Angélica en voz alta. "Pero para qué. Esto de ser mujer podríamos hacerlo más sencillo." Alma Angélica nos compartía cómo, a muy corta edad, comenzó a trabajar intensamente, lo que le hizo desarrollar muchos talentos. Lejos de sentirse triste por ello, entró en acción y se convenció de ser la mejor en todo lo que hacía.

Su inquietud era muy válida: ¿por qué nos complicamos tanto la vida? Qué tal si confiáramos más, si disfrutar de todo lo que hacemos como si fuera un juego se volviera una rutina en nuestra vida.

Si la vida a partir de hoy fuera un juego, buscaría que éste fuera el de ganar-ganar, trataría que todas las personas que pasaran por mi vida se fueran con una sensación de haber descubierto algo. También me gustaría cuidar de mí para sentir que soy ganadora en mis relaciones. Fuera pérdidas y desgano.

¿Pero cómo lograr una política de ganar-ganar en la vida? ¿Cómo evitar dar hasta que duela y seguir dando generosamente sin molestia ni desgaste? ¿Cuál es el ingrediente secreto para permanecer plenas y rebosantes de energía después de una atareada semana de trabajo?

4

Mujer... juguemos a ganar

"Cuando la imaginación y la voluntad están en oposición, invariablemente domina la imaginación."
Emile Coué

I. Conciencia

Juguemos un poco

La vida simplemente es un juego y en eso, mis queridas mujeres, tenemos que reconocer que los hombres nos llevan ventaja. Pareciera que las mujeres siempre buscamos tomarnos todo muy en serio. Algo que pude descubrir en las mujeres empresarias, como característica común, es que suelen ver la vida como un juego divertido en el que, por supuesto, quieren ganar.

¿Pero por qué a las mujeres nos cuesta jugar a vivir?

¿Qué pasaría si elegimos un juego como forma de vida?

Si nos dejáramos de tomar todo tan en serio y soltáramos el control, ¿qué pasaría? Algo que fue tremendamente placentero a la hora de trabajar con estas increíbles mujeres fue, precisamente, observarlas, convivir entre ellas en el salón de actividades. Era de lo más divertido. Así como podían hablar de sus negocios o de su familia, podían pasar de un tema a otro sin perder el sentido del humor.

Al nacer las mujeres, y desde el vientre de nuestra madre, recibimos las expectativas que tenían de nosotras. Dudo mucho que éstas fueran "vamos a jugar"; por el contrario, recuerda cuántas veces fuiste regañada por distraerte jugando. Las tradiciones familiares trasmitidas son precisamente lo que nos impide fluir sin complicaciones.

El principal objetivo de observar atentamente las actividades, desde las más sencillas a las más complejas, de estas mujeres empresarias fue descubrir el grado de compromiso y entrega de las mismas. Pude percatarme que se entregaban con el mismo esmero que si estuvieran haciendo una inversión de millones de pesos.

Cada mujer era muy diferente de la otra, y las familias de las que provenían también. Sin embargo era fácil apreciar esa peculiar energía que las hacía distinguir con sólo abrir la puerta de cualquier habitación. Nos guste o no, cada una de nosotras forma parte de una red que comparte una consciencia en común. Desde luego que no tenemos la obligación de recordar nuestra infancia, pero el juego de la vida se trata de no olvidar nuestra historia para no seguirla repitiendo.

¿A qué jugabas de niña?

En mi caso particular, recuerdo estar sobre el tocador de mi madre dando un discurso a todas las almohadas de la casa. Tenía cuatro años de edad. Hoy a mis (dejémoslo así) años, me dedico principalmente a dar conferencias. Ese era mi juego, y lo sigue siendo ahora.

¿Tú a qué jugabas? ¿Qué relación tiene con lo que haces ahora?

Ejercicio

Vamos a jugar mucho en este capítulo, ¿te parece? Te voy a pedir que suspendas la lectura y consigas un bote de nieve de tu sabor favorito, es indispensable para las actividades que realizaremos. También consigue una caja de colores y varias cartulinas. Emplea muchos colores y elabora, lo que llamaremos, tu mapa del tesoro personal. Entre más colores, más impacto en tu conciencia. Muéstrate en un escenario real y creíble para tus expectativas. Incluye símbolos y revisa qué estás haciendo. Deberá tener un significado para ti. En él estarás haciendo todas aquellas cosas que te dan placer. Vamos, disfruta de tu actividad. Aquí estaré a tu regreso, esperándote para seguir con las actividades.

Ahora que terminaste tu obra de arte, que seguramente está fantástica, agrega frases como "Aquí estoy en medio de un bosque, en mi cabaña, disfrutando mi sueño, escribiendo sobre temas que me apasionan". Perdón ese es mi sueño. Agrega tus frases. Hazlo lo más detallado posible. Este es tu mapa de vida, el mismo que te servirá para orientarte y permitirte lograr tus metas.

Ahora, siguiendo con esto de jugar a vivir, te pido que anotes en el siguiente espacio cinco aspectos que te hagan sentir superior a otras personas. Vamos, anímate, sin decir que eres muy modesta, sólo estamos jugando.

_____

_____

_____

_____

Muy bien, ahora inhala y exhala, porque ¿qué crees? te voy a pedir que escribas cinco aspectos en los que sabes que te superan los demás.

_____

_____

_____

_____

Y ahora que estamos a tono con esto de jugar a conocernos, ¿qué tal si me aprovecho de la sinceridad del momento y te pido describas cinco oportunidades que debes explotar al máximo en tu provecho?

_____

_____

_____

_____

¿Sabes? Es increíble la emoción que despierta este último ejercicio. Reconocer que la vida en todo momento y en cualquier situación te ofrece oportunidades que probablemente no ves. Todo esto te permite distinguir lo relevante de tu vida de lo que no lo es y, lo mejor de todo, lo que puedes aprovechar y no hiciste hasta ahora.

Ahora, aterrizando más nuestro proyecto de jugar a vivir, tu mapa debe tener también el tipo de pareja que deseas. Realiza la siguiente actividad:

Describe con siete adjetivos a tu pareja actual, o a la última, con sus cualidades y defectos más sobresalientes.

_____

_____

_____

_____

_____

_____

_____

Revisa tus adjetivos. ¿Lista? Ahora completa el siguiente cuadro con las mismas cualidades y defectos y léela en voz alta.

Yo soy _____

_____

_____

Tu pareja es tu reflejo. Si tu compañero de vida es exitoso, infiel, indiferente, y no te gusta la idea de que así eres tú, recuerda que tenemos una sombra, o yo interno, que no manejas a escala consciente. Lo mejor de todo es la noticia que quiero darte: para tener una pareja genial no hay que hacer nada fuera de ti, sólo trabaja contigo misma. Conviértete en tu pareja ideal. No existen parejas perfectas. ¡No existen parejas perfectas! Pero caray, qué herramienta tan valiosa para conocernos. Cuando amas a tu pareja, amas parte de ti. Lo que odias de tu pareja, lo odias también en ti.

Ten mucho cuidado con la forma de vincularte en pareja. No busques dañar ni denigrar y no permitas lo mismo contigo. Para jugar con tu pareja como una verdadera chingona te recomiendo:

- Evita querer controlar a tu pareja. Con trabajos puedes contigo.
- Tú no puedes saber lo que es mejor para él, así que no hagas de mamá regañona.
- Él no tiene por qué obedecerte. Deja que sea como es.
- Procura no hablar mal de tu pareja, pues en realidad de quien estás hablando mal es de ti.
- No busques empoderarte frente a él.

- No cedas tu poder personal.
- Date permiso de ser quien realmente eres.

Realiza una lista de las 10 características que debe reunir una buena persona.

_____
_____
_____
_____
_____
_____
_____
_____
_____
_____

Ahora compara con las 10 características que, según tu definición ideal, una pareja debe tener.

_____
_____
_____
_____
_____
_____
_____
_____
_____
_____

Tu pareja actual, ¿satisface tus necesidades personales?

Ejercicio de visualización

Graba el siguiente ejercicio, o pídele a una amiga que lo lea para ti en voz alta mientras lo practicas.

Conéctate con tu éxito, visualízalo, cierra los ojos, céntrate en tu respiración… Observa cómo al inhalar llevas oxígeno a cada célula de tu cuerpo… liberas tensiones… inhalas lo que tú necesitas… exhalas miedo y ansiedad.

Ahora, comienza a visualizarte teniendo éxito… ¿Cómo te sientes superando tus miedos?… Si sientes tensión cancela la imagen… ve con detalle la escena… imagínate confiada… mereces vivir con éxito… ¿Con quién quieres compartirlo?… Te tienes a ti misma… te lo mereces… empieza por hacer lo necesario… luego haz lo posible y terminarás logrando lo imposible.

Considero que para hablar de creatividad es urgente hablar de nuestra niña interna. Realiza la siguiente actividad:

Escucha música clásica y tírate panza al suelo. Realiza un dibujo con los ojos cerrados, abre tus ojos y observa tu dibujo con amor.

II. Inicia

Date un fin de semana lleno de creatividad. Realiza actividades diferentes y retadoras. Siéntete libre de explorar nuevos contextos. ¿Por qué no? ¿Qué harás diferente esta semana?

_____

_____

_____

_____

III. Sonríe

Una pareja se va a casar, entonces el padre del novio le dice:

—Oye Martín, y dime ¿tu novia tiene dinero?

—¡Ah, papá! Es lo mismo que me ella me pregunta de ti.

Un ejercicio práctico que te será de gran ayuda...

Cada día de la semana comenzarás a darte seguimiento personal.

¿Cómo te has sentido hasta ahora?

CUARTA SEMANA
Lista de retos

Lunes	Martes
Miércoles	Jueves
Viernes	Sábado
Domingo	Logros semanales
Lo siguiente a lograr	Dificultades que enfrente
Objetivo de la próxima semana	Resultado esperado

Conéctate

Coloca tu mano derecha en el corazón
y repite conmigo:
Si caigo en un conflicto es
por mí misma.
Si resuelvo el conflicto
será por mí misma.
Sólo yo puedo construirme
y destruirme.
Me hago responsable.
Dejo de ser víctima.

Laboratorio vivencial
"Soy chingona, ¿y qué?"

Jacquelín es una mujer muy joven que hace algunos años llegó a mi oficina. Mucho talento acompañado de haberse preparado en las mejores universidades. Sus ideas germinaban fácilmente y estaba lista para hacerlas realidad. Quería poner un negocio, un negocio de servicios. Pensó en un restaurante, pero la mente joven y atrevida de Jacquelín quería un restaurante diferente. Así es como esta maravillosa jovencita despertó su pasión por los negocios.

Se define a sí misma como alegre, servicial y entregada, pero también intensa, dominante y muy desesperada, sin dejar de lado su impaciencia. Reconoce que su obstáculo principal está compuesto por la indisciplina y la inconstancia. Para ella, su vida ideal sería más organizada, le gustaría cocinar, desarrollar aún más su negocio hasta volverlo franquicias. No quiere descuidar su vida personal y familiar. Pide al universo no dejar de lado su felicidad y el cuidado de su energía. Definitivamente le hace falta orden en su universo personal, tiempo para su familia y también para su pareja.

Le gustaría saber si su proyecto de vida va en la dirección correcta. Los consejos que regala a otras mujeres para que se sientan muy chingonas son: no te justifiques con el miedo; sé firme en lo que digas y hagas, aférrate por sobre todo a tu sueño.

Cuentan la historia de un hombre que caminaba y una piedra se atoró en la suela de su zapato. Esto lo hacía perder el equilibrio al caminar. Al no detenerse para quitar su piedra, se cayó y resbaló por un barranco. El hombre se quejó de la piedra en la suela del zapato, del terreno y del dolor que sentía al caminar. Casi no aguantaba. Cuando una rama lo golpeó en la cara, su reacción fue inmediata. Tenía que resolver el problema, por lo que se presentó a las oficinas de gobierno y consiguió un permiso para cortar el árbol que lo golpeó en la cara. Por cierto, todavía le duele el pie por la piedra en la suela del zapato, desde hace meses.

¿Cuál es la causa de su dolor? ¿Por qué hacemos cosas que nos causan daño?

5

Finanzas en rosa

"La gente nunca está más insegura que cuando se obsesiona con sus miedos a costa de sus sueños."
Norman Cousins

I. Conciencia

Preguntas poderosas

Responde con claridad el siguiente cuestionario. Sé clara y precisa. Recuerda, sólo estamos tú y yo, así que toma tu pluma y responde directamente.

¿Qué te quedaría si lo perdieras todo?

_____

¿Qué se necesita para que te pongas en el camino de la riqueza?

_____

¿Qué te está impidiendo ser rica?

_____

¿Qué sientes respecto al dinero?

_____

¿Por qué algunos tienen mucho dinero y otros no?

¿Cómo te sientes hoy respecto a tu situación financiera?

¿Qué piensas cuando piensas en dinero?

¿Qué dices cuando hablas de dinero?

¿Qué has hecho con tu dinero?

Es más sencillo de lo que se cree. Según investigaciones, el manejo del dinero de los mexicanos parece penoso. En 2008, más de la mitad de la población no tenía cuenta de ahorro. Sólo uno de cada cinco hogares llevaba un registro de ingresos y egresos, lo que demostró que el manejo de ingresos y gastos es muy incipiente. Los especialistas en trabajo con parejas han concluido que el manejo del dinero es un problema causal de divorcios. La mayoría de los mexicanos de hoy gastan sin cuidado. Por cultura, para muchos mexicanos gastar es sinónimo de éxito y aceptación social y ahorrar un contravalor

El dinero y el pecado

Tener dinero no es pecado. Tener dinero es la consecuencia de un trabajo constante y una reciprocidad y equilibrio. Todos merecemos una buena paga por nuestro trabajo, pero parecería ser que a algunas mujeres les cuesta recibir una paga digna por su labor. Incluso, a algunas mujeres no parece importarles esa diferencia. Me atrevería a decir que algunas mujeres se limitan por no ganar más que su pareja.

La estrategia para hacer dinero. ¿Cuál es tu plan?

Las chingonas nos dicen:

1. Antes de emprender determina tu plan de vida: es muy importante tener un punto de partida. El plan de vida es necesario para cambiar paradigmas mentales arraigados. Los paradigmas son nuestras verdades incuestionables.

Pasos

a) Comienza plasmando brevemente tu biografía de relación con el dinero en no más de 10 renglones. Sé creativa.

_____
_____
_____
_____
_____
_____
_____
_____
_____
_____

b) ¿Cómo has logrado tus metas a lo largo de tu vida y qué personas te brindaron apoyo?

_____
_____
_____
_____
_____
_____
_____
_____

c) Resalta una cosa buena, de lo que aparentemente era malo, relacionado con tus finanzas.

_____

_____

_____

_____

2. Crea tus propias ideas y tradúcelas en un retador proyecto de negocios. Para ello te pido respondas las siguientes preguntas:

¿Qué talento personal te gustaría dar a conocer a través de tu empresa?

¿En qué servicio o producto se traducen tus talentos dentro de tu empresa?

¿Cómo visualizas tu empresa?

¿Quiénes son tus posibles clientes?

¿Quiénes serán los miembros de tu equipo de trabajo?

¿Quién es parte de tu sueño empresarial?

¿Cuánto dinero estás buscando ganar mensualmente?

¿ Cuáles son tus gastos mensuales?

¿Qué prioridades tienes?

¿Cuál será tu lema de vida?

¿Qué tan satisfecho te visualizas al lograr tu objetivo?

¿Cuáles son esas debilidades que cuidarás?

3. Aparte de generar ideas ejecútalas.

Para ello te sugiero la siguiente actividad: escribe una carta donde expreses las razones por las cuales deseas poner en práctica las ideas expuestas en tus proyectos. Establece objetivos con fecha. Te sugiero elaborar un calendario de las mismas. Esta carta está dirigida a ti y es un informe detallado.

4. Conoce muy bien a tus clientes y visualiza a tus futuros clientes.

¿Cómo son?

¿A qué nivel económico pertenecen?

¿A qué se dedican?

¿Cuáles son sus miedos?

¿Qué les enoja?

¿Qué emociones predominan en su vida?

¿Cuál es su ambiente?

¿Qué ven?

¿A qué tipo de problemas se enfrentan cotidianamente?

¿Por qué tu cliente acudiría a ti?

¿Qué dicen y qué hacen?

¿Cómo se comportan habitualmente en privado?

¿Qué dicen y qué les importa que vean de ellos?

¿Con quién hablan?

¿Qué escuchan?

¿Qué es lo que escuchan en su entorno?

¿A qué se dedican?

¿Dónde pasan más tiempo?

¿Con qué personas?

¿Qué les dicen sus amigos y familias?

¿Quiénes son sus principales influencias?

¿Por qué acudirían a ti?

¿Quién es tu competencia?

5. Cree en tu proyecto pero, sobre todo, cree en ti.

Todos tenemos una vocecita que nos alerta sobre cómo lograr las cosas. Invertir tiempo en escucharte es indispensable para acrecentar la confianza en tu persona. ¿Cómo puedes creer en ti si no te conoces?

El analfabetismo económico

Consiste en que muchas mujeres no sabemos de finanzas, lo que nos lleva al fracaso. Después de ganar dinero no sabemos qué hacer con él.

Los 10 pilares de la independencia financiera para una mujer:

1. Investigar las vidas de las mujeres y hombres más destacados financieramente. ¿Qué hicieron? ¿A qué se dedican? ¿Cómo piensan? ¿Qué lugares frecuentan? Por mencionar sólo unas cuantas cosas.

2. Concéntrate en tu proyecto personal, no te distraigas. Observa todo el tiempo, buscando cazar la mayor cantidad de oportunidades en tu vida. Resístete a cualquier tentación que no concuerde con tu plan. Concéntrate en tu programa de trabajo personal, ese que tanto te apasiona.

3. Cree en ti misma: cree en ti misma hasta llegar al máximo. Del uno al 10, ¿cuánto crees en ti? ¿Te das cuenta del inmenso poder que tienes? No te confundas, creer en ti no tiene nada que ver con la soberbia, al contrario, tiene mucho que ver con la sencillez. Puedes hacer cualquier cosa que tú, mujer, te propongas si te atreves a creer en ti.

4. Acéptate: es increíble cómo las mujeres chingonas no buscan aprobación de los otros. Sus acciones no se basan en lo que los demás piensen de ellas.

5. Cuida amorosamente tu cuerpo, tu mente y tu espíritu, que son tus verdaderas riquezas. Evita, con amor, perder tu energía vital. Nunca busques controlar a los otros, ni te permitas traicionarte por complacer al otro. Descansa, ten tiempo para meditar, pasa tiempo contigo misma. Sin energía no puedes volar.

6. Ten tu plan siempre a la mano. Debe estar por escrito, ser claro y funcional, y tener fecha.

7. Recuerda que tu no ganas si el otro no gana. Si haces de esto tu filosofía de vida tendrás un mundo mejor.

8. Si tienes miedo ¡avanza!

9. Ten abierta tu mente. Escucha y aprende de todos.

10. Sé diferente. Pon un toque de diferencia en todo lo que hagas. Cambia lo que sea necesario y dependa de ti. Una mujer chingona ve las cosas como podrían ser.

¿Eres libre?

Ser mujer chingona es ser y sentirte libre de pies a cabeza.
Nadie te somete o te obliga. Puedes elegir todo el tiempo.

> *"La libertad, Sancho, es uno de los más preciados*
> *dones que a los hombres dieron los cielos.*
> *Con ella no pueden igualarse los tesoros de la tierra.*
> *Por la libertad se puede y debe aventurar la vida.*
> *Por el contrario, el cautiverio es el mayor mal de la vida."*
> Miguel de Cervantes

¿Eres feliz?

Date permiso de serlo. Eso depende de ti.

> *"La mayoría de las personas son tan felices*
> *como su mente les permite serlo."*
> Abraham Lincoln

¿Debes cambiar algo de ti?

Tú debes cambiar algo en ti mismo, si quieres lograr
cosas diferentes.

> *"Todos quieren cambiar al mundo,*
> *pero nadie quiere cambiarse a sí mismo."*
> LeonTolstoi

> *"Si quieres cambiar al mundo. Cámbiate a ti mismo."*
> Gandhi

¿Qué te hace falta?

Tú tienes exactamente lo que estás pidiendo al universo. Por eso afirmo que tenemos lo que nos merecemos. Un
árbol de limones obtiene limones.

Cuando eres rico en tu interior, eres rico en tu exterior.

"Hay una fuerza más poderosa que el vapor, la electricidad y la energía atómica, es la fuerza de voluntad."
Albert Einstein

"¿Eres capaz de fijarte por ti mismo tu bien y tu mal? ¿Eres capaz de ser tu propio juez y guardián de tu propia ley?"
Friedrich Nietzsche

Tú puedes crear todo lo deseado y eliminar todo lo no deseado. Para deshacer lo no deseado tienes que enfocarte en lo deseado. Eres creadora, no destructora. Construye en lugar de destruirte a ti misma.

Cuando sepas lo que en realidad deseas lo conseguirás. Cada cosa en el mundo es un reflejo de ti misma.

Y, ¿cómo hacerte rica?

Hacerse rico no depende de que realices determinada actividad, sino de la forma de hacerlo. El dinero va a quienes lo aman, no a quienes le temen.

¿Cómo piensa una mujer chingona?

- Puedo ser millonaria con mi trabajo.
- Cómo invertir lo que gano.
- Cómo disfruto mi trabajo.
- Cómo hago crecer mi empresa.
- Soy capaz de hacer milagros.
- No tengo tiempo de lamentarme.

¿Crees que estamos aquí para sacrificarnos?

Mujer chingona, recuerda:

Trabajar por dinero es un error. Trabajar disfrutando lo que haces te lleva a la abundancia.

II. Inicia

Revisa tu casa y encuentra 21 cosas que te sirvan y puedas regalar.

Busca dinero, cambio, y acumúlalo todo en un solo lugar.

Regala y deja de acumular lo que no necesitas. Ahora mismo.

III. Sonríe

Un empresario invitó a sus trabajadores a una comida de fraternidad. Cuando llegaron los postres se levantó para pronunciar un discurso. Durante el mismo contó un chiste que, al ser oído, provocó grandes carcajadas en todos los trabajadores, menos en uno. El empresario le preguntó, sorprendido por su inhabitual seriedad:
—¿Es que a usted no le pareció gracioso?

—A mí me pareció tan gracioso como a todos los demás —contestó el perspicaz empleado—, pero yo me jubilo mañana.

Oración de la confianza total

Aun en los momentos de oscuridad puedo ser yo misma.

*Aun cuando las cosas salgan mal puedo encontrar
una oportunidad en cada dificultad.*

*Ya no tengo miedo al fracaso, puedo caerme
y levantarme.*

Estoy aquí para aprender.

Uso mis talentos.

Merezco tener éxito.

Elijo el amor.

En este momento de miedo, elijo el amor.

Blanca Mercado

Un ejercicio práctico que te será de gran ayuda...

Cada día de la semana comenzarás a darte seguimiento personal.

¿Cómo te has sentido hasta ahora?

QUINTA SEMANA
Lista de retos

Lunes	Martes
Miércoles	Jueves
Viernes	Sábado
Domingo	Logros semanales
Lo siguiente a lograr	Dificultades que enfrente
Objetivo de la próxima semana	Resultado esperado

Conéctate

Coloca tu mano derecha en el corazón
y repite conmigo:
Ahora sé que Dios es amoroso
y que en ningún momento
quiere darme un castigo.
Me amo y acepto
el inmenso amor de Dios.
Me regresa a mi jardín del edén.

Laboratorio vivencial
"Soy chingona, ¿y qué?"

Araceli es una mujer amante de la creatividad. Fue capaz de crear, de fórmulas prácticamente mágicas que le heredó su abuela en una vieja libreta, una marca de productos con un éxito sorprendente. Ella siente profunda admiración por sus talentos, en especial por su trato amable con las personas. Se describe confiada, honrada, leal, algunas veces metichona en lo que no le corresponde, tremendamente dominante y controladora y bastante dormilona (ahora conocemos su secreto de belleza). Su vida ideal es hacer crecer su fábrica de productos, vivir con abundancia y disfrutar de su riqueza. Siente que le falta aterrizar más sus proyectos, crecer como empresaria. Le gustaría saber por qué atrae a ciertas personas abusivas. Y, finalmente, le sugiere a toda mujer que desea ser chingona: honestidad, mucha pasión por su trabajo y, sobre todo, fluir por la vida.

Upanishad, los textos más antiguos de la India, muestran un poema que habla de la relación entre el yo y el universo…

Como el cuerpo humano así es el cuerpo cósmico.

Como la mente humana así es la mente cósmica.

Como el microcosmos así es el macrocosmos.

Como el átomo así es el universo.

Cada vez que respiramos intercambiamos millones de átomos del universo. Todo afecta nuestro ser, un amanecer, una estación del año; somos una extensión del universo.

Quien es líder, y una mujer chingona indispensablemente lo es, se sabe como parte de un todo. Desde que conocí a Araceli siempre ha hablado de su esencia y correspondencia con el universo. Por ello, cuando externó al grupo de las 12 sus inquietudes, no dudé en buscar las respuestas a sus problemas en el que llamaremos sentido común, el menos común de los sentidos, como bien sabemos.

Nuestra esencia energía y todo lo que ocurre dentro y fuera también es energía creadora. Esto implica que todo lo que le molesta a cada una de estas mujeres chingonas viene de ellas y regresa de la misma forma. ¿Pero cómo lograr esa conexión? Conoce a tu enemigo íntimo. Conócete a ti misma.

6

Somos energía

I. Conciencia

Durmiendo con el enemigo:

Tú misma

Nos queda clara nuestra esencia energética. Atraemos lo mismo que somos. Y no tenemos que esforzarnos para vivir en abundancia. Ni perdemos ni nos quitan porque sólo es energía.

> *"El que tiene vocación no acumula posesiones.*
> *Cuanto más hace por los demás más posee.*
> *Cuanto más da a los demás más tiene."*
> Tao Té-king

El dinero también es energía

¿Por qué alejamos nuestro dinero? Por:

a) Desinformación
b) Emociones fuera de control
c) Malos hábitos
d) Baja autoestima
e) Culpa

f) No pertenencia
g) Sensación permanente de vacío

¿Podemos hacer que las cosas sucedan?

*"Poderoso es Dios para hacer que abunde en vosotros
toda gracia, a fin de que teniendo lo suficiente,
tengáis abundancia para toda buena obra".*
Corintios 9:8

¿Qué quieres en el ámbito de tus finanzas?

_____

_____

¿Cómo te vas a sentir cuando lo logres?

_____

_____

¿Cuándo?

_____

_____

¿Cuánto cuesta?

_____

_____

Descubriendo el hilo negro… Gastar menos de lo que cobro.

¡El secreto es tener metas claras!

Las metas más comunes:

• Casa
• Educación

- Automóvil
- Vacaciones
- Retiro

No hay peor pregunta que la que no se hace. Cambia tu rutina de controlar tus ingresos y egresos. Si alguien gana $100.000.00 y gasta $100,000.00, o más, cada vez es más pobre.

¿Qué haces con lo que ganas?

_____

_____

¿Cómo usas el dinero?

_____

_____

¿ Qué porcentaje ahorras?

_____

¿Cómo inviertes?

_____

_____

Hay que desterrar el mito imaginario de que no es posible ahorrar en supuestas crisis. Hay personas que en la crisis se hacen millonarias y quienes en la misma crisis se hunden más. Pero estamos aquí para hacer cambios. Es muy importante que distingas los siguientes términos:

- Ingreso: el dinero que recibes.
- Gastos: lo que egresa de tu cartera.
- Activos: lo que te da nuevos ingresos. Lo que te paga. Te genera más dinero.
- Obligación: cuando sólo te da gastos, o salidas.

Familiarizarte con ellos te proporcionará ventajas en el manejo de tus finanzas. Responde sinceramente de acuerdo con tu experiencia:

¿Hay diferencias entre lo que un pobre, un rico y uno de la clase media compran el día de su pago?

De acuerdo con una investigación realizada:

Las mujeres pobres compran de relleno. Cosas baratas y no necesarias para sobrevivir. Cuelgan muchas cosas en las paredes. Sus casas y carros se saturan de relleno. Se justifican en que estaba barato. Su ingreso nunca produce o crea más ingreso. No se trata de juzgar. Sino de estudiar el dolor financiero de las mujeres.

La clase media: compra carros, usa mucho la tarjeta de crédito. Siempre tendrán necesidades de apariencia. Con obligaciones a la par de sus ingresos. Trabajan para pagar. Su ingreso depende de su propio esfuerzo personal. Su nivel de estrés es muy alto. Parecen vivir en una montaña rusa de emociones volátiles.

La mujer millonaria: produce dinero. Compra lo que produce más ingresos. Educación, inversiones.

La pobreza mental: siempre está dando vueltas a lo que no tiene. Gira alrededor de sus carencias. No ve posibilidades y se la vive comparando.

Debemos prepararnos para la riqueza, pero ¿cómo?

La carrera de la rata

Seguramente ya has escuchado el término de la carrera de las ratas que difundió el famoso Roberto Kiyosaki. Con este término nos explica el esfuerzo sin retribución acorde al esfuerzo. Significa mucho movimiento, pero ningún avance. Requiere de enormes cantidades de energía, las que se gastarán sin que eso tenga ningún resultado. Las conclusiones son muy simples, después de una vida de trabajo la rata estará exactamente en el mismo lugar. ¡Pobre rata!

¿En qué momento dejamos que las cuentas de fin de mes fueran más importantes que nuestros sueños? "La carrera de la rata" es la frase con la cual identifican la vida de la mentalidad pobre, ya que sus actos en la vida siguen siendo los mismos.

Ejemplo

Una mujer con mentalidad pobre tiende a levantarse por las mañanas para ir a trabajar, lidiar con el tráfico de todos los días, llegar lo más puntual a su trabajo para no perderlo y trabajar arduamente durante el día para poder ganarse la vida. Esta mujer tiende a trabajar por dinero, tratando de ayudar a su familia. Endeudándose al momento de hacer compras con su tarjeta de crédito, tratando de sentirse menos culpable por salir a trabajar y dejar a su familia. Es tan grande la necesidad de mantener todas estas obligaciones, que la misma presión de no poder pagar estas deudas la tiene esclavizada a una carrera, "la carrera de la rata".

Algún día terminará de pagar sus deudas pero, cuando menos se da cuenta, está adquiriendo más y más deudas. Entonces se vuelve más trabajadora en su empresa. Y más complaciente en su familia.

Si te identificas con esta historia, déjame compartirte lo siguiente.

Sólo necesitas dos cosas para mejorar tus finanzas como una mujer chingona:

1) Aprender a pensar diferente respecto del dinero.
2) Hacer las cosas diferentes para poder ganarlo.

¿Qué es el dinero para ti?

_____

_____

¿Cómo llega el dinero a tu casa?

_____

_____

¿Cuáles son tus gastos?

_____

_____

¿Qué es el ahorro y para qué sirve?

_____

_____

¿Sabes distinguir entre necesidades y deseos?

_____

_____

Puntos a recordar

- Ingresos: es el dinero que obtienes por el valor de tu esfuerzo.
- Gastos: conjunto de necesidades.

- Deseos: después de las necesidades.
- Ahorro: prever.
- Lo que gastas: nunca debe ser mayor a tus ingresos.

Para muchas mujeres, **administrar el dinero** es sinónimo de restringirse o renunciar a la libertad de darse gustos.

Sugerencias que funcionan:

Llevar un presupuesto mensual, te dará una perspectiva general de cómo **administrar tu dinero** eficientemente. Esto te proporcionará no sólo beneficios económicos, sino también emocionales; cuando tú eres responsable con el dinero, sientes que también tomas el control de tu vida. Ya es hora de ser una mujer chingona y poderosa, ¿no crees?

¿En que gastamos las mujeres?

Según un estudio realizado por psicólogos de la Universidad de Hertfordshire, Reino Unido, muchas mujeres compramos de modo impulsivo 10 días antes de que dé comienzo el periodo menstrual.

"Las **sensaciones negativas**, que se originan dentro del **cuerpo y mente femeninos** durante la fase lútea, pue-den verse reflejadas en una manera de comprar que sola-mente responde al comportamiento hormonal al que están expues-tas", comenta el psicólogo uruguayo Fernando Moledo.

Teniendo en cuenta esa predisposición, debes estar alerta a esas compras que te alejan de tus objetivos financieros.

Control de ingresos y egresos para mujeres

Una gran parte de construir una firme fundación de sentimientos que nos hagan sentir bien con ahorrar dinero es tener un plan sobre cómo gastar, cómo deshacernos de las deudas y cómo ahorrar. Para ello, querida amiga, tendrás que verte a ti misma controlando tus acciones del modo que deseas, si realmente quieres volverte dueña de tus finanzas. Tendrás que verte y sentirte controlando tus gastos y ahorrando una cantidad cómoda de dinero.

Hoy en día muchas mujeres empresarias se van a la quiebra por no saber administrar correctamente su dinero. De hecho, cientos de mujeres acuden a terapia por la angustia que les genera no tener quién se haga cargo de sus finanzas; aunque ello implique quedarse en bancarrota en un momento dado, por entregar su control sin ningún cuidado.

Marcela, una mujer atractiva de 50 años, se quejaba en consulta de cómo Armando la dejó sin dinero y con muchas deudas, después de tener una empresa boyante. Marcela narraba con mucho detalle:

Lo conocí en un curso de superación, lo cual para mí era garantía de confianza. Después de pasar un fin de semana en el curso, lo invité a trabajar en mi negocio.

—Armando, quiero que te hagas cargo de mis finanzas, yo sólo quiero trabajar tranquila —le dije.

Después de un mes, Marcela estaba más intranquila que nunca. Armando había desaparecido con el contenido total de las cuentas bancarias de Marcela. Las deudas la ahorcaban, y del tipo jamás supo nada.

Tal vez pensarás que Marcela estaba desesperada por tener una pareja. No fue así. Ella no mostraba interés por Armando como hombre. En realidad, le costaba hacerse cargo de su negocio. No por falta de capacidad, sino por falta de confianza en sí misma.

Buscando que no vivas esta experiencia u otra similar, te muestro un sistema sencillo para llevar tus finanzas.

Elabora una tabla por mes de ingresos y egresos. Distingue tu tabla personal de la tabla empresarial.

Ejemplo

Mes-Año	Ingreso personal	Egreso personal	Egreso empresarial	Inversión
Lunes 1	1000	100 comida	200 papelería	500 mercancía
Martes 2				

Tener un control efectivo por día, te ayudará a dar tu propio seguimiento personal a tus finanzas. Al final del mes puedes hacer una revisión, tomar el control y dividir por segmentos cuánto puedes o debes gastar.

Las mujeres estamos orientadas a lo afectivo

No es ninguna sorpresa que las mujeres ponemos nuestras prioridades según las necesidades de las personas que más nos importan. Independientemente de quién se trate, el campo de preocupación de una mujer hace que tenga foco en su esposo, sus hijos, sus nietos, sus padres de edad avanzada, sus empleados, sus amigos, y sí, hasta sus animales. Entonces, en vez de ser "todo para mí", las compras que realizan las mujeres (o las que influencian directamente) son más frecuentemente basadas en sus seres queridos.

¿A dónde quieres ir mujer?

En lo personal creía que todo en mi vida estaba ordenado. Sólo me limitaba a esperar lo mejor de la vida.

¿Qué si era feliz? No. No lo era. Pero sinceramente consideraba que era "lo normal". Nunca se me ocurrió que podría esperar algo distinto en mi vida.

Me confrontó estar muy cerquita de la muerte y esto me obligo a revisar mi existencia. ¿Habría algo más? ¿Podría vivir mi sueño? Ese que se había quedado sepultado años atrás.

La vida me dio una oportunidad y la tomé. Elegí, trabajé, soñé, creí, confié, y gané.

Ahora acostumbro a preguntarme cada mañana

¿Qué deseas?

Mi respuesta siempre es una sorpresa.

Aprendí a no irme a descansar sin haber logrado algo para mí.

Creé un compromiso con mi espíritu.

Hoy puedo decir que aprendí a vivir conmigo.

Entrevista en Sí se puede:

Sra. Marisa Lazo, dueña de Pastelerías Marisa

Es la propietaria de Marisa, una de las pastelerías más exitosas de la zona metropolitana. Marisa Lazo comenzó su empresa como muchas otras mujeres, en su casa, en el horno de su cocina, por el puro gusto de hornear y compartir con sus amigos. Poco a poco, sus galletas redondas, rellenas de mermelada de fresa, fueron solicitadas por sus amistades para regalar y quedar bien, es decir, se creó una cadena de complicidad con el sabor de las confecciones de Lazo. Así comenzó el negocio y, en 1997, abrió la primera pastelería en Golfo de Cortés. "Nunca he tenido una estrategia administrativa o comercial, siempre me he guiado por el propio pulso que el producto y la clientela me dan."

Es una mujer sencilla, de pensamiento muy claro y dispuesta a compartir sus secretos. Nos habla de su vida de empresaria que comenzó con un pay de pera que una amiga le pidió para regalo y que no aceptó que le diera sin cobrar.

Así comenzó la aventura, con dos pequeñas que eran sus hijas y que ahora son sus mejores aliadas; la niñera de sus peques, hoy parte importante de su empresa. Veinte años después nos transmite que lo que la ha llevado a este éxito es su capacidad de ahorro. Durante la entrevista insistió en lo importante de saber ahorrar. Un error que ella percibe es que gastamos más de lo que ganamos. No debemos elevar nuestro nivel de vida, al aumentar nuestros ingresos. También habló del diezmo: donar 10% de sus utilidades a las instituciones de beneficencia con fe. De que el que más da más recibe. Habló de la necesidad del equilibrio y de cómo dedicaba tiempo a hacer ejercicio. Después de insistirle en sus tres grandes secretos los resumió de la siguiente forma:

—La felicidad "alimenta el éxito"; primero hay que ser felices, para después buscar el éxito. Además, con una actitud positiva, nuestros cerebros se vuelven más creativos, comprometidos y motivados —continuó expresándose con mucha calidez—. ¡Piensa positivo, no tengas miedo! —es su lema personal y continuó—. Nunca pienso que me va a ir mal, que alguna receta no va a gustar o que algún punto de venta no va a pegar. Siempre pienso positivamente, estoy convencida de que atraemos las cosas que pensamos.

Además habló de la importancia de las buenas relaciones entre proveedores y clientes. Con una pequeña anécdota sobre un préstamo que tuvo que solicitar una sola vez, explicó cómo fue que al final del mes no alcanzó a liquidar a varios de sus proveedores; sin embargo, al ser un cliente de pago puntual toda su vida, los proveedores le dieron la oportunidad de saldar su deuda más adelante, en cuanto pudiera.

Retomando la idea de la publicidad de boca en boca, también enfatizó la importancia del trato al cliente.

—El cliente siempre tiene la razón. Si un cliente no está satisfecho, si su pastel no tiene duraznos en el centro o cualquier falla, yo le digo: "Disculpe, qué bueno que nos lo notifica" y, acto seguido, le ofrezco algún otro producto de la tienda, gratuitamente —afirmó. Así, mantiene contentos a los clientes, quienes terminan defendiendo y recomendando la marca.

Hizo hincapié, también, en la importancia de generar una imagen de marca, que es algo que debe ser visto más como una inversión que como un gasto, además de que ayuda a la diferenciación y añade un poco de sofisticación.

—Es importante que la gente se sienta orgullosa de llevar nuestro producto, tanto por lo rico de su sabor como por lo lindo de su empaque —concluyó.

Puntos a resaltar:

1. Ahorrar.
2. Donar 10 por ciento.
3. Equilibrio emocional.

"Tenemos que saber cuidar de nuestras finanzas para ser independientes y cuidar de nosotras mismas.

Las mujeres tenemos que dejar de sólo mirar y participar activamente en el juego."

II. Inicia

Durante esta semana. Pon en orden tus cuentas. Proponte firmemente tener una economía más sana.

III. Sonríe

Un hombre cruza la frontera en un burro. Lo registran para asegurarse de que no lleva contrabando y luego lo dejan marchar. Durante dos años, el hombre cruza cada día la frontera montado en burro mientras los guardias, cada día más recelosos, siempre lo dejan marchar. Años después, un guardia retirado reconoce a ese hombre que tanto tiempo pasó por la frontera paseando por la calle. Lo saluda amablemente y le dice:

—Los dos sabemos que pasaba usted contrabando, ¿qué era? Dígamelo, por favor.

—Burros —le respondió con tranquilidad.

Realiza tu proyecto de vida y proyecto de empresa si aún no lo tienes. Si ya los tienes, revísalos nuevamente.

Otro:

Un hombre entra en la ducha justo cuando su mujer está acabando. De repente suena el timbre de la puerta. Su mujer rápidamente se tapa sólo con una toalla y baja las escaleras. Cuando abre la puerta se encuentra a Pedro, el vecino de al lado. Antes de que ella diga nada, Pedro le dice:

—Te doy $800 si te quitas la toalla.

Tras pensarlo un momento, la mujer suelta la toalla y permanece desnuda delante del vecino. Segundos más tarde, Pedro le da el dinero y se marcha. La mujer se cubre de nuevo con la toalla y vuelve escaleras arriba, contenta a más no poder. Cuando llega a la ducha, su marido pregunta:

—¿Quién era?

—Era Pedro, el vecino —responde ella.

—¡Genial! —dice el marido—. ¿Dijo algo acerca de los $800 que me debe?

Un ejercicio práctico que te será de gran ayuda...

Cada día de la semana comenzarás a darte seguimiento personal.

¿Cómo te has sentido hasta ahora?

SEXTA SEMANA
Lista de retos

Lunes	Martes
Miércoles	**Jueves**
Viernes	**Sábado**
Domingo	**Logros semanales**
Lo siguiente a lograr	**Dificultades que enfrente**
Objetivo de la próxima semana	**Resultado esperado**

Conéctate

Coloca tu mano derecha en el corazón
y repite conmigo:
He encontrado mi relación con mi madre.
Dejaré de buscar protección.
Ya no me apegaré patológicamente
a lo que amé.
Ya no tendré miedo de perderme.
Me siento satisfecha.

Laboratorio vivencial
"Soy chingona, ¿y qué?"

Gina es una mujer plena y profunda. Siempre me despertó curiosidad su búsqueda constante. Ella observa la vida, disfruta leer y convivir con sus hijos. Se siente muy orgullosa de su capacidad de entrega. Se distingue por ser amorosa, honesta, espiritual, desesperada, aprensiva y desconfiada. Precisamente, su reto personal es confiar en que lo que hace es lo mejor para su misión de vida. Para ella su vida ideal sería ser capaz de disfrutar tanto lo bueno como lo malo de cada día. Confiar en que lo que pasa es por algo y ser capaz de quedarse con lo mejor de todo lo que sucede. Es una mujer muy valiente, escritora talentosa y empresaria eficiente. Le gustaría verse a sí misma y confrontarse. No le gusta sentir que, como mujer, maneja el drama algunas veces en su vida; desea renunciar a hacerlo, pero es algo demasiado aprendido por el mundo femenino.

Gina nos regala, con su estilo muy personal, tres secretos para todas las aspirantes a chingonas.

1. Renuncia al miedo. Vencer tus miedos es más que un paso.
2. No prejuzgues, confía en el ser humano.
3. No te creas tan chingona. Siéntete chingona, pero no olvides que siempre hay algo más por lo cual luchar. No te estanques.

Para Gina es fundamental que sus compañeras la escuchen. Percibe cuando alguien tiene un problema o algo que decir. Dio siempre un toque especial a las sesiones de laboratorio experimental, pues no suele quedarse callada. Como alumna fue siempre muy confrontadora, pero a la vez respetuosa. Insiste mucho en la consecuencia de los actos. Así que trabajar el tema de la causa y el efecto con Gina, definitivamente no pudo ser mejor.

7

La ley de la causa y el efecto

" No tengas sueños pequeños, pues no tienen el poder de mover los corazones del ser humano."
Goethe

"Hay dos tipos de personas: los que te dan 50 razones por las que no se puede hacer, y los que simplemente lo hacen."
Hoda Kotb

I. Conciencia

"Si tu trabajo va a llenar gran parte de tu vida, la única manera de estar realmente satisfecho es hacer lo que creas que es un gran trabajo. Y la única manera de hacer un gran trabajo es amar lo que haces. Si no lo has encontrado, sigue buscando, y no te conformes. Al igual que con todos los asuntos del corazón sabrás cuando lo hayas encontrado."
—Steve Jobs

¿Cómo nos saboteamos para impedir la abundancia en nuestra vida?

_____

_____

¿Te encuentras frecuentemente complaciendo los deseos y necesidades de los demás?

_____

_____

¿Te sientes apremiada, extenuada, demasiado ocupada y poco apreciada?

_____

_____

¿Eres más una enemiga o una amiga para contigo misma?

_____

_____

"Cuando somos dependientes, miramos hacia los demás para recibir nuestra felicidad."

En mis años de trabajo frente a empresarios, he podido percatarme de cómo, en especial la mujer, sabotea o minimiza sus sueños.

Diana, una mujer exitosa, logró abrir su empresa familiar después de quedar abandonada por su esposo. Sacó adelante cinco hijos. Todos con profesión. Y aún así, no podía perdonarse. Seguía sintiendo que no había logrado conservar a su pareja.

Todos sabemos que las mujeres tenemos una tendencia a ser dependientes. Pero, ¿por qué dejar que el miedo nos impida la acción? Las mujeres también somos valientes y podemos sobrepasar nuestros temores internos, el miedo, y podemos vivir nuestra vida expresando nuestro verdadero yo, sobrepasando obstáculos y trampas que en el pasado han intentado destrozar nuestra fe.

¿Te es difícil tomar decisiones relacionadas con tu empresa o vida personal?

_____

_____

¿Dices sí cuando quieres decir no?

_____

_____

¿Estás siempre fatigada?

_____

_____

¿Hay en tu vida poca alegría?

_____

_____

Esclavitud inconsciente

Hay mujeres que se encuentran atrapadas en sus deseos y en la frustración que ellas mismas se imponen.

Desafortunadamente, las mujeres tendemos a dejar de creer en nuestras propias ideas al relacionarnos en pareja.

Identifícate con lo siguiente...

Cuanto más alto vueles más dura será la caída.

No te exaltes.

No pongas demasiadas ilusiones.

Llorarás tanto mañana como rías hoy.

La vida es dura.

No muevas la barca.

Es peligroso arriesgar.

Es peligroso tener fe.

No hay suficiente para todos.

Date cuenta, mujer… y prométeme que dejarás de repetirlo. Es increíble el bombardeo de ideas limitantes que nos transmitimos de generación en generación. Después, extenuadas de luchar contra nosotras mismas, terminamos sin saber qué es lo que queremos. Lee con atención lo siguiente:

Ya no sé exactamente qué deseo. Tal vez en un tiempo lo supe.

Tal vez por otro tiempo lo ignoré.

Aprendí a dejarme en último lugar.

Me conformé y no mostré dolor.

Me volví una experta en ocultar mis emociones.

Ahora soy inmune a desear, insensible a pedir, insaciable para dar.

Me volví ¡invisible!

Según investigaciones importantes, las mujeres se sienten incómodas si trabajan, así como si:

Castigan a sus hijos.

Ganan más dinero que sus maridos.

Toman tiempo para sus intereses.

Se divorcian.

Toman tiempo libre.

Tienen buen sexo.

Se enferman.

Se enfadan.

Preguntas para abrir nuestra mente empresarial y dejar de sabotearnos:

1. ¿Qué es lo que realmente quieres hacer?
2. ¿Quién va a formar parte de tu proyecto?
3. ¿Cómo se va a implementar tu idea?

Historia personal

Tuve un maravilloso trabajo en una empresa fenomenal, y la comodidad de un salario bien pagado. Me encantaba mi trabajo. Pero después de tres años de trabajar contra viento y marea, decidí que había crecido más allá de las posiciones fijas disponibles en aquella importante empresa. Sin embargo, no me sentía ni feliz, ni libre. Al darme cuenta de que estaba negociando mi tiempo por dinero, comencé a experimentar con la necesidad imperiosa de trabajar en lo que más amaba. Algo así como dejar de trabajar para comenzar a disfrutar. Al final, he aprendido que no importa lo que esté haciendo, mientras que esté haciendo algo que exprese mi pasión.

También he aprendido que no hay nada más profundamente gratificante que ver crecer lo que soñé cuando no tenía nada.

Con mi pasión descubrí cómo:

- Cambiar mi mentalidad de escasez a una de abundancia.
- Entender por qué me saboteaba en el área financiera.
- Sentirme chingona.
- Salir de deudas.
- Desarrollar la mujer de fe que existe en mí.
- Vivir con pasión y sin que me importe lo que la gente piense de mí.
- Crear un plan de éxito.
- Generar abundancia para mi vida financiera.
- Dejar de sabotearme financieramente y dejar de sabotear a los que amo.

En una entrevista con la Lic. Margarita Sánchez (Presidenta de la Asociación Mexicana de Mujeres Empresarias), ella compartió con el auditorio sus tres secretos para destacar:

1. Tomar pausas para disfrutar.
2. Cuidar el capital humano.
3. Sonrisas ilimitadas.

Escribe tus tres secretos para destacar.

_____

_____

_____

Aplicando la ley de causa y efecto a la vida de las mujeres chingonas

La ley de la causa y el efecto es tan sencilla como hacerte responsable de tus actos. Cada pensamiento, acción u omisión tiene sus consecuencias; por ello, es importante hacernos conscientes de nuestros actos. La única forma de hacer el bien y recibir el bien es generando buenas acciones. Podrás querer engañar a otros, pero al final te engañas tú misma.

Esta ley nos invita a pensar que no hay culpables, porque cada quien está haciendo lo mejor que puede, y Dios no nos condena porque estamos aprendiendo; de las grandes crisis aprendemos lecciones mayores. Elige a partir de este instante no seguir sufriendo. Y, si de elegir se trata, elige felicidad, prosperidad y armonía, Dios nos otorga las cosas que estamos dispuestos a aceptar internamente.

II. Inicia

Escribe tu historia personal de éxito. Compártela con tres personas. Siente orgullo de tus logros.

III. Sonríe

Dos cazadores están en el bosque cuando uno de ellos de repente cae al suelo. No parece que respire y tiene los ojos vidriosos, de modo que su amigo toma el celular y llama al servicio de emergencias:

—Oiga, mi amigo está muerto. ¿Qué hago? ¿Qué hago?

—Cálmese, tranquilo, ¡estamos aquí para ayudarle! Vamos a ver… Lo primero que tiene que hacer es asegurarse de que su amigo está realmente muerto…

Entonces se hace una pausa y a continuación se oye un disparo.

El cazador vuelve a tomar el teléfono y dice:

—De acuerdo, y ahora, ¿qué hago?

Un ejercicio práctico que te será de gran ayuda...

Cada día de la semana comenzarás a darte seguimiento personal.

¿Cómo te has sentido hasta ahora?

SÉPTIMA SEMANA
Lista de retos

Lunes	Martes
Miércoles	Jueves
Viernes	Sábado
Domingo	Logros semanales
Lo siguiente a lograr	Dificultades que enfrente
Objetivo de la próxima semana	Resultado esperado

Conéctate

Coloca tu mano derecha en el corazón
y repite conmigo:
Si caigo en un conflicto es
por mí misma.
Si resuelvo el conflicto será
por mí misma.
Sólo yo puedo construirme y destruirme.
Me hago responsable.
Dejo de ser víctima.

Laboratorio vivencial
"Soy chingona, ¿y qué?"

Dalila es una mujer chingona muy alegre. Su empresa es una agencia de viajes, donde acompaña a sus clientes a planear increíbles aventuras. Se reconoce como una mujer trabajadora, leal, responsable, tolerante, enojona y con miedo a los cambios. Su vida ideal es llegar a tener una empresa reconocida por su desempeño a nivel nacional, gozar más de su familia y tener una vida en pareja plena. Nos sugiere a todas las mujeres que para ser chingonas seamos perseverantes, no nos dejemos vencer ante los obstáculos que se nos presenten y procuremos avanzar cada día un poco más hacia nuestros objetivos.

Esa noche Dalila llegó muy pensativa. Soltó al grupo de las 12 una pregunta: "¿Hasta dónde somos capaces de cambiar nuestro presente?" Hubo un silencio sepulcral durante unos minutos; los suficientes para aterrizar la pregunta en nuestra mente.

¿Hasta dónde somos capaces de cambiar nuestro presente?

En la evolución de nuestra conciencia es determinante la influencia de la información recibida en nuestra infancia. De pequeñas, si algo no funcionaba dependía de nuestros padres que la situación cambiara. Hoy es diferente. Estás a cargo de tu vida, principalmente de tu presente.

Una mujer líder se hace responsable de su presente. Escribe su historia personal en el día a día. No duda en ningún momento de su influencia en dirigir cada instante en la dirección correcta. Durante esa sesión, la pregunta de Dalila nos hizo tomar conciencia de esta realidad. Construyes tu presente.

Una mujer chingona vuelve a casa después de un duro día de trabajo y, a su regreso, encuentra a una familia que la espera demandante. Es libre como el infinito, pero renuncia a su cielo del descanso merecido, y en su libertad construye con muros de piedra su hogar. Sólo se puede sentir sometida a un cautiverio psicológico si así lo decide.

—Sólo contamos con nuestro presente —afirmó Dalila sonriente—. Yo elijo cómo sentirme a cada momento.

8

Yo puedo, yo quiero, yo hago

"Los sueños de una persona son el índice de su grandeza."
Zadok Rabinowitz

I. Conciencia

Nos victimizamos cuando no aprendemos nada de los sucesos de nuestra vida.

Es fácil culpar a los demás por lo que sucede en nuestra vida. Buscamos excusas. Mala suerte, destino, injusticias, falta de inteligencia. Vivimos marginados.

¿Cómo obtener lo que deseo?

Estamos hechos de energía, de vibraciones magnéticas. Somos energía vibrando. Cuando tenemos pensamientos negativos tendemos a tener sentimientos negativos. Esto provoca la frecuencia en que vibramos.

Con tu pensamiento puedes crear cualquier cosa. Sólo quiero que comprendas que si vibras en una frecuencia alta te mantienes en ese nivel de energía.

¿Qué excusas utilizas cuando las cosas salen mal en tu vida?

_____

_____

_____

1. Identifica lo que no quieres en tu vida.
No quiero

_____

_____

_____

_____

_____

_____

_____

2. Identifica lo que sí quieres.
Quiero

_____

_____

_____

_____

_____

_____

_____

3. Visualiza lo que deseas. (Descríbelo detalladamente)

_____

_____

_____

_____

_____

_____

_____

4. Deja que suceda.

Obtienes lo que piensas. Sea algo que quieres o no. Recuerda, la energía atrae lo similar. Eres un imán que atrae lo semejante. Atraes lo que piensas. Creamos con los pensamientos y sentimientos.

Te darás cuenta si estás en un bajo canal energético si:

- Estas agotada aún al despertar por la mañana.
- Sientes que el tiempo corre lento en tu trabajo
- Deseas hacer algo, pero piensas que no tienes tiempo.
- Esperas que algo cambie, pues estás harta.
- Perdiste tu creatividad.
- Sientes que algo te falta, un vacío, a pesar de tus logros en tu vida personal y profesional.
- Te has conformado con una relación de pareja "promedio".

Sé sincera y responde:

¿Qué te apasiona?

_____
_____
_____
_____
_____

¿Te dedicas a lo que te apasiona? ¿Sí o no? ¿Por qué?

_____
_____
_____
_____
_____

Deja entrar la abundancia a tu vida:

Cambiando los "debería" por los "quiero".

Hazlo ahora.

Escribe cinco debería

_____
_____
_____
_____
_____

Por cinco quiero

_____
_____
_____
_____
_____

Atraemos hacía nosotras lo que esperamos.
Anota cinco metas para mejorar tus finanzas aplicables a partir de hoy...

_____
_____
_____
_____
_____

¿Cuáles debería están obstaculizando tu éxito?

_____
_____
_____
_____
_____

Escribe cinco razones por las cuales quieres mejorar tus finanzas.

_____

_____

_____

_____

_____

¿Qué _adoras_ de ti misma?

_____

_____

_____

_____

¿Cuál es tu motivación en esta búsqueda?

_____

_____

_____

_____

Revisa tu equipaje para el viaje al éxito. ¿Qué puede estar evitando que lo logres?

_____

_____

_____

_____

Rompe con tus patrones negativos

"Lo importante no es lo que hicieron de nosotros, sino lo que nosotros hacemos con eso que hicieron de nosotros."
Tipper Gore

"Dime tu infancia y te diré quién eres." Escribe los argumentos que recibiste desde tu niñez respecto a la abundancia en la vida.

Papá

_____
_____
_____
_____

Mamá

_____
_____
_____
_____

Maestros

_____
_____
_____
_____

Escribe un guión de éxito en las finanzas. ¿Cómo te hubiera gustado ser formada en esta área? Crea tu propia historia.

_____
_____
_____
_____

Tu vida en un papel

Hay una diferencia entre las mujeres que triunfan y las que se quedan en la mediocridad: las primeras tienen un plan para guiar su vida y las segundas son como una hoja al viento; van en la vida adonde el viento las lleva y, al final de sus días, cuando el viento cesa y la vida se va deteniendo, entonces voltean y no encuentran más que fracasos y desventuras.

Decídete a iniciar una aventura en donde lleves el mapa y la brújula que te guíe a puertos de abundancia y felicidad.

Crea tu filosofía de vida:

Busca profundizar en tu esencia. No te traiciones ignorando tu pasión. Si te es posible date esa grandiosa oportunidad de disfrutar cada instante de tu vida con toda tu energía. Si no pretendes destacar en ningún área, por lo menos no estorbemos a otras mujeres que se atrevan a hacerlo.

¿En qué eres chingona?

Cocinar, bailar, viajar, dirigir, organizar, leer, vender, promover, convivir, acompañar…. Elige 10 actividades en las que te sientas chingona.

_____

_____

_____

_____

Una mujer chingona hace lo que desea y lo hace muy bien. Una mujer chingona, si se da cuenta de que no está haciendo lo que desea, hace un alto y comienza a hacer lo que desea.

Un nuevo modelo de mujer chingona a seguir: tú.

Cuando te ves chingona a ti misma, ¿qué es lo que ves?

¿Ves a una mujer con el entrecejo fruncido o a una mujer feliz?

¿Ves a una mujer riéndose o quejándose?

¿Te ves fea o atractiva?

¿Ves una vida emocionante o vacía?

Escríbete 10 cosas como regalo para ti.

_____

_____

_____

_____

_____

_____

_____

_____

_____

Fue divertido, ¿no? ¿Cuándo fue la última vez que te diste permiso de colocarte en primer lugar? Una mujer chingona no pierde el tiempo buscando cómo agradar, confrontar y deleitar a los demás. Una mujer chingona se da tiempo para agradarse a sí misma. Se pregunta, "¿Qué me gustaría?" Y celebra con gozo que es ella misma.

¿Estás viviendo la vida que tanto deseas?

Te cuento una historia que contaba mi abuela, que era una chingona.

En una ocasión un hombre llegó como visitante a una tienda del pueblo. Al entrar observó a una adolorida anciana chillando dolor. Le preguntó al dueño de la tienda:

—¿Qué le ocurre a esa pobre mujer?

—Es mi abuela, está sentada sobre una tachuela.

—¿Y por qué no se quita?

—Es que ella es quien la pone a donde va. ¡Le gusta sufrir! —respondió el hombre soltando la carcajada.

A una mujer chingona no le gusta el sufrimiento.

Ser una mujer chingona es ser la número uno en su propio mundo. Se deja llevar, triunfa en sus propios términos. Utiliza su intuición para decidir lo que es bueno para ella. La mujer que no es chingona asegura que no puede controlar su destino. Una mujer chingona piensa que si ella no puede entonces ¿quién? Una mujer chingona busca esas actividades que la hacen sentir feliz y rechaza las que no. Asume el control de su propia felicidad.

*"Sólo podemos respetar a los demás cuando
nos respetamos a nosotros mismos. Sólo podemos dar,
cuando nos damos a nosotros mismos. Sólo podemos amar,
cuando nos amamos a nosotros mismos."*
Abraham Maslow

Hazlo divertido

El país tiene una educación feminizada con más de 50% de alumnas en bachillerato, licenciaturas y posgrados, de acuerdo con la Secretaría de Educación Pública (Sep).

Uno de cada cuatro hogares mexicanos tiene como jefa una mujer y 70.5% cuenta con aporte de ingresos femeninos, según datos del Censo de Población y Vivienda de 2010.

Pasar de ama de casa a emprendedora es todo un reto. Sin duda, la familia sigue jugando un papel fundamental en tu vida. Lo que hace que, además de ser cabeza de tu empresa, seas ama de casa.

Mujer, eres dueña de tu vida y de tu destino. No lo sufras.

Ejercicio

Toma un espejo y mírate. ¿Qué ves?

a) Una mujer segura y digna.
b) Una mujer que no acepta el maltrato.
c) Una mujer digna.
d) Una mujer que se sabe valiosa.

La vida es como tú elijas vivir en este preciso momento. No importa cuántas veces hayas tropezado. Nunca se sabe qué pasará. Repite conmigo "Yo puedo", vamos dilo, "Yo puedo" algún día, cuando tú elijas, podrás decirte a ti misma como yo: "Me admiro, soy feliz".

Hoy me valoro por todo lo que he vivido.

Nunca más dudaré de mí.

Hoy me estreno como una mujer chingona.

Hoy me libero, he roto mi contrato de esclavitud

Hoy termina mi condena, soy libre.

Hoy seré la mujer chingona que soy.

II. Inicia

Una actividad diferente que te acerque a la satisfacción de recuperar tu poder personal. Alguna actividad que dudaras de tener tiempo para hacer.

III. Sonríe

¿Quién entiende a las mujeres?

—Si pones a una mujer en un pedestal y la proteges de todos los males... ERES MACHISTA...

—Si te quedas en casa y haces el trabajo del hogar... ERES UN MANTENIDO.

—Si trabajas demasiado... SE QUEJA PORQUE NO TIENES TIEMPO PARA ELLA... Pero si trabajas poco ERES UN VAGO Y UN INÚTIL.

—Si le dices lo buena que está es ACOSO SEXUAL... Pero si no se lo dices es LA TÍPICA INDIFERENCIA MACHISTA.

—Si lloras eres UN AFEMINADO y, si no, UN INSENSIBLE.

—Si tomas una decisión sin consultar con ella es PREPOTENCIA... Pero si ella la toma sin consultarte es porque ES UNA MUJER LIBRE.

—Si le pides algo que ella no quiere hacer es DOMINACIÓN... Si ella te lo pide es UN FAVOR.

—Si a ella le duele la cabeza es que ESTÁ CANSADA...
Si te duele a ti, es que YA NO LA QUIERES.

—Si quieres tener relaciones sexuales todos los días
SÓLO PIENSAS EN ESO y, si no quieres, es que TIENES
OTRA.

Un ejercicio práctico que te será de gran ayuda...

Cada día de la semana comenzarás a darte seguimiento personal.

¿Cómo te has sentido hasta ahora?

OCTAVA SEMANA
Lista de retos

Lunes	Martes
Miércoles	Jueves
Viernes	Sábado
Domingo	Logros semanales
Lo siguiente a lograr	Dificultades que enfrente
Objetivo de la próxima semana	Resultado esperado

Conéctate

Coloca tu mano derecha en el corazón
y repite conmigo:
Yo lo conseguí.
Tengo todo aquello que
creo merecer.

Laboratorio vivencial
"Soy chingona, ¿y qué?"

Alma Lyda es una mujer chingona. Le gusta mucho trabajar con niños, estudiar y prepararse cada día más. Se reconoce a sí misma como alegre, positiva, paciente, tolerante y honesta. Es muy sensible y desea hablar con más seguridad frente al público. Actualmente es propietaria de una importante institución educativa. Su vida ideal es tal y como es ahora, y le gustaría mucho vivir una relación de pareja sana. Nos sugiere a todas las mujeres que nos preparemos constantemente, que nos cuidemos mucho y, por sobre todas las cosas, que seamos auténticas. ¡Vaya reto!

En cuanto el grupo de las 12 escuchó el tema de la pareja. "Todas" se alborotaron. "Sí trabajemos ese tema. La pareja. Una mujer chingona debe aspirar a tener una relación sana", dice Alma Lyda.

—¿Con qué tipo de pareja les gustaría estar? —les pregunté a todas. Debo compartirte que del grupo de mujeres chingonas algunas están solteras, otras casadas y otras divorciadas. Pero igual esta pregunta era para todas. Antes de que me respondieran solté otras preguntas al aire. —¿Se sienten felices con la forma en que eligieron pareja? ¿Con qué tipo de pareja les gustaría estar?

Las risitas comenzaron a surgir. El ambiente era lo suficientemente agradable como para experimentar el tema. Todas se veían radiantes. Tal vez era el clima propicio, su actitud o el tema de los hombres que, por más chingonas que seamos las mujeres, siempre nos interesa.

Lo que determina la clase de parejas que tenemos las mujeres chingonas precisamente es nuestra actitud hacia los hombres. Por lo tanto, hay una regla muy sencilla: tu pareja, mujer, no te define. Lo que define tu vida es tu actitud, la forma en que te interpretas y lo que crees que mereces.

¿Cómo pretendemos que nos amen, si no nos amamos a nosotras mismas? ¿Te consideras tu mejor amiga? Entonces, le dirías a una amiga íntima lo que te dices a ti misma. Así que si tú no te tratas bien, ¿qué tipo de parejas crees que atraes? ¿Qué tipo de trato atraes de tu pareja?

9

Toma el control de tu vida

*"Todo lo que hacemos,
primero lo hacemos en la mente."*
Stephen Covey

I. Conciencia

¿Crees que es imposible vivir en pareja?

¿Encuentras difícil disfrutar de una relación sana?

¿Tu futuro es incierto?

Ni el éxito ni la felicidad llegan por casualidad. El éxito no llega por casualidad, ni tampoco es un golpe de suerte. Dice Lair Ribeiro: "El profesional que gana tres veces más que otro no está haciendo tres veces más esfuerzo, ni tiene el triple de conocimientos o de inteligencia. La diferencia es mínima, pero es la diferencia la que marca el éxito ".

Tomar control sobre tu vida es el primer paso. Desear caminar hacia tu prosperidad, haciendo a un lado las excusas o situaciones en que dejamos, o queremos creer, que los demás pueden decidir sobre nuestra abundancia.

Atrevernos a tomar riesgos nos ayuda a "soltar" nuestra actitud temerosa con respecto al éxito. Recuerda el dicho: "Quien no arriesga no gana". Los apegos excesivos reducen el deseo de prosperidad que por sí solo no nos lleva a ningún lado. Si sabemos hacia dónde queremos ir y nos comprometemos a realizar nuestros sueños, poner en orden nuestra vida es un paso importante. El éxito del proceso está en descubrir lo que significa para ti generar abundancia y éste es un proceso diferente para cada uno de nosotros. Cualquiera que sea tu meta, lograrla requiere de dos cosas: organización y disciplina.

Tanto la organización, como la disciplina, requieren de una meta clara: ¿qué es lo que quiero lograr? Pero también de vencer algunos mitos sobre lo que es tener éxito. Esto es, derribar las creencias que tenemos con respecto a la forma de lograr las cosas y así poder enfocarnos en conseguir el éxito personal y financiero.

Pongo en orden mi vida

Para poner en orden tu vida tienes que volverte tu mejor amiga. Esto implica tratarte bien. Motivarte y estar convencida de tu valor personal. Eres una gran mujer, recuérdalo, estamos muriendo por ver tu transformación como toda una chingona. Para ello vas a elegir cómo te quieres sentir, cómo te quieres vestir, cómo deseas proyectarte. Vas a cuidar de ti, vas a reencontrar tu confianza. Serás muy importante en tu vida. Haz una lista como mujer chingona.

¿A dónde eliges ir?

¿Con quién?

¿Cómo usarás tu tiempo?

¿Con quién compartirás tu sueño?

Ahora descríbeme un día de tu vida como chingona. Desde que despiertas hasta que anochece.

_____
_____
_____
_____
_____
_____
_____
_____
_____
_____
_____
_____
_____
_____
_____
_____
_____
_____
_____

En una escala de 1 a 10, ¿qué tan chingona te sientes?

¿Estas feliz con tu posición?

¿Dónde te gustaría estar?

¿Por qué no estás ahí?

Una mujer chingona es exitosa en su carrera, en el amor, en cuestiones financieras y en el terreno espiritual.

¿Qué significa ser una chingona para ti?

_____
_____
_____

Nada ni nadie puede impedirte tu éxito, sólo tú. ¿Qué es para ti tener éxito en pareja?

_____
_____
_____

Para tener éxito en tu vida personal debes tener claro en tu mente qué deseas. ¿Qué me haría feliz en una pareja?

_____
_____
_____

¿Cómo quiero educar a mis hijos?

_____
_____
_____

¿Cómo tomaremos decisiones en familia?

_____
_____
_____

¿Cómo cuidaremos nuestro hogar?

_____
_____
_____

¿Quién será el jefe?

_____
_____
_____

Narra una experiencia significativa en tu vida, que te impulsó a cambiar. Una experiencia en la que pusiste límites a alguna pareja y que te hizo sentir orgullosa de ti.

_____

_____

_____

_____

_____

_____

Quiero compartir contigo un cuento de Anthony de Mello que habla del arte de poner límites.

Un alacrán deseaba pasar al otro lado del río. Pero como no sabía nadar fue a pedirle ayuda a una ranita.

—Amiga ranita, ¿puedes llevarme a la otra orilla del río?

—Imposible —contestó— si te subes a mi lomo saldré dañada.

—No. Claro que no. Si te pico yo moriré, ¿verdad?
La intuición de la rana decía no y contestó:

—Está bien.

Cuando iba a la mitad del río. Clava el alacrán su aguijón.

—Lo siento, es mi naturaleza y no pude evitarlo. ¡Adiós ranita!

¿Qué te dice el cuento de ti?

_____

_____

_____

_____

Una mujer chingona no sufre una relación

Reconoce qué tipo de relaciones estás viviendo, libérate de la culpa. Si crees en Dios, él quiere tu bien. Sé consciente de que puedes cambiar tu realidad. Es cuestión de disciplina.

Escribe una carta para ti misma. Expresa cómo deseas verte en tus relaciones.

_____
_____
_____
_____
_____
_____
_____

Yo no creo en las recetas mágicas, pero comencé a sentir amor por mí misma cuando me contesté: ¿Quién quiero ser? Ya sabes lo que dicen: "Si crees que puedes… puedes"

Pongo en orden mis finanzas

Poner orden en tu vida es tan importante como poner en orden tus finanzas, es hacerte cargo de ellas. ¿Sabes que muchas mujeres empresarias tienen miedo de hacerse cargo de sus finanzas? Las razones más comunes son:

a) Mi pareja se encarga de las finanzas.
b) Desorganización personal.
c) Ignorancia sobre el tema.

Poner orden en tus finanzas implica hacer un plan de gastos. Por ejemplo:

Haz una lista de cosas que quieres.

_____

_____

_____

_____

_____

_____

_____

_____

Otra lista de las cosas que realmente necesito.

_____

_____

_____

_____

_____

_____

_____

_____

Poner en orden tus finanzas implica saber exactamente qué es lo que necesitas adquirir, disfrutar de lo que tienes y cuidar de tus ingresos. En lo personal, es importante tener muy claro lo que deseas en cada área de tu vida. El dinero, como ya lo hemos visto, es energía, de la misma forma que el amor. Cuidemos nuestra energía.

II. Inicia

Anota todos y cada uno de tus gastos en una libreta durante una semana.

III Sonríe

¿QUIÉN ENTIENDE A LOS HOMBRES?

Los hombres buena gente están feos.

Los hombres guapos no son buena gente.

Los hombres guapos, buena gente están casados.

Los hombres no tan guapos, pero buena gente no tienen dinero.

Los hombres no tan guapos, pero buena gente y con dinero, creen que sólo estamos tras su dinero.

Los hombres guapos y sin dinero están tras nuestro dinero.

Los hombres guapos, no tan buena gente, razonablemente comprometidos, no creen que somos suficientemente bonitas.

Los hombres que creen que somos bonitas, que son razonablemente buena gente y tienen dinero, no quieren compromiso.

Los hombres que son razonablemente guapos, razonablemente buena gente y tienen algo de dinero, y quieren un compromiso son tímidos y ¡nunca toman la iniciativa!

Los hombres que nunca toman la iniciativa, pierden automáticamente el interés cuando nosotras tomamos la iniciativa.

Realmente, ¿quién los entiende?

Un ejercicio práctico que te será de gran ayuda...

Cada día de la semana comenzarás a darte seguimiento personal.

¿Cómo te has sentido hasta ahora?

NOVENA SEMANA
Lista de retos

Lunes	Martes
Miércoles	Jueves
Viernes	Sábado
Domingo	Logros semanales
Lo siguiente a lograr	Dificultades que enfrente
Objetivo de la próxima semana	Resultado esperado

Conéctate

Coloca tu mano derecha en el corazón
y repite conmigo:
Soy mi mayor riqueza,
cuido de mí al máximo.
Represento mi mayor inversión.
Me valoro como algo
muy preciado a mis ojos.

Laboratorio vivencial
"Soy chingona, ¿y qué?"

Margoth es una mujer plena, juguetona, alegre, bailadora, exitosa, sincera, amigable, servicial, amorosa, cuestionadora, inconforme, y controladora. Le gustaría ser más constante y positiva en sus proyectos y, sobre todo, creerse todo lo que hace. Sugiere a toda mujer aspirante a ser chingona que sea persistente en sus metas, las cuales deben ser muy claras y, para ello, debe apoyarse firmemente en su intuición.

Margoth es una experta en seleccionar alimentos. Su empresa ofrece una novedosa alternativa de preparar tus alimentos cuando estás a dieta. De una forma divertida te dice qué comer para ponerte en forma. Cuida su alimentación en casa y de ello hace su negocio. Es increíble lo creativa que puede llegar a ser una mujer chingona. Tenemos la capacidad para crear ideas, pero también debemos tener la capacidad de reconocerlas.

Es muy bueno darle valor a nuestras ideas. ¿Sabes cuántas de ellas valen millones de pesos? Así que te sugiero que, como nos compartió Margoth, lleves contigo "siempre" una libreta de ideas creativas. Sé cazadora de ideas y luego aplícalas.

La creatividad viene de nuestra niña interna. Es la que nos permite creer sin cuestionar, el clásico "¿Y por qué no?". En lugar del aburrido "No inventes" que acaba con nuestros sueños.

Crear es creer. Cree en ti como persona y como un ser de súper talento, brillante. Es más, deberíamos darnos un tiempo al día para poder crear. Crear implica sentir amor por los cambios. Vamos, empieza a observar a tu alrededor ¿qué podrías cambiar?

Dale sentido a cada momento. Una persona creativa jamás se aburre. Valora tu capacidad creativa y elige ser feliz atreviéndote a pensar diferente.

¿Te atreves?

10

Creatividad en rosas

"Construye muy bajo quien construye
debajo de las estrellas."
Edward Young

I. Conciencia

"Todo lo que parece inalterable puede modificarse radical-
mente."

No es tarea fácil y hay que estar preparado para enfrentar nuestras propias resistencias. La transformación requiere
de un serio impulso personal. Pero no voy a engañarte nos
resistimos al cambio, y la creatividad implica cambio.

La creatividad es la capacidad que tenemos todos para
pensar soluciones nuevas a problemas existentes. Es una
oportunidad de romper con nuestros viejos paradigmas
mentales.

**¿Cómo administraban su dinero tu madre, abuela y
bisabuela?**

_____

_____

_____

¿Cómo lo haces tú?

_____

_____

_____

¿Qué podrías hacer diferente?

_____

_____

_____

¿Cuáles son esos bloqueos que te impiden hacerlo?

_____

_____

_____

¿Qué es un proceso creativo?

Es una aventura que surge desde el momento en que deseas resolver un problema. Tu cerebro recurre al cúmulo de experiencias vitales y resalta lo importante de lo que no lo es. Es decir, el proceso creativo abre la mente para una selección de alternativas muy distintas a las que hubieras tomado sin la apertura mencionada.

¿Cómo comienza el proceso creativo?

Con preguntas, así de fácil. Comienza a preguntar. ¿Recuerdas cuando de pequeña preguntabas "¿Por qué?" y te regañaban? Pues ahora pagas para que otro lo haga. Así que si quieres ver fluir la creatividad en tu vida, simplemente aprende a preguntar. Por ejemplo, en lugar de:

¿Por qué estoy tan pobre?

Sustitúyelo por:

¿Qué puedo hacer para aumentar mis ingresos?

¿Por qué todos tienen más dinero que yo?

¿Qué hacen las personas con éxito económico que podría hacer yo también?

Escribe a continuación tres preguntas creativas respecto a tus finanzas.

_____

_____

_____

_____

_____

_____

Escribe tres preguntas creativas respecto a tu vida personal.

_____

_____

_____

_____

_____

_____

¿Cómo aplicar la creatividad a mi vida?

La creatividad es una forma de hacer mejor las cosas y requiere de mucha observación.

Creatividad es atrevernos a utilizar todos nuestros recursos, es hacer posible lo imposible.

La siguiente lista, tomada de Hisrich y Petas, nos demuestra las diferentes herramientas que existen para aumentar la creatividad aplicada a las finanzas. Por lo que tiene algunas ideas de adaptación al respecto:

1. **Tormenta de ideas (***Brainstorming***).** Se trata de producir un gran número de ideas aunque parezcan inútiles o absurdas. Lluvia de ideas.

   Hay que seguir cuatro reglas básicas:

   a) Ninguna crítica.
   b) No ser convencional.
   c) Cuantas más ideas mejor.
   d) Apoyarse en otras ideas.

Ejercicio

Coloca al centro de la hoja un problema a resolver. Ejemplo: "Tengo más gastos que ingresos". Deriva cuantas ideas surjan respecto al tema por absurdas que éstas parezcan. Anótalas en la misma hoja con diferentes colores.

2. **¿Cuál es el problema?** Escribe la que para ti sea la respuesta. Identifica los recursos e impedimentos para lograrlo. Ahora genera un conjunto de estrategias para utilizar los recursos, evitar los impedimentos y lograr tu meta.

   Cuestionario de verificación

   ¿Qué quieres?

   ¿Qué tienes?

¿Cómo usar lo que tienes para conseguir lo que quieres?

¿A dónde quieres llegar?

¿Dónde estás?

¿Cómo llegar desde donde estás hasta donde quieres ir?

¿Qué pasará cuando lo hagas?

¿Cómo te sentirás?

Ejercicio

Por ejemplo: "Si para mí el problema es que gasto más de lo que gano". Identificar mis recursos sería darme cuenta que puedo controlar mi adicción a las compras. Observar estrategias como no llevar dinero sin control al salir. Cancelar tarjetas de crédito. Preguntarme si realmente lo necesito, entre otras.

Lograr mi objetivo: ahorrar 10% de mis ingresos mensuales.

Para ello, después de hacer esta actividad responde a las preguntas del cuestionario de verificación.

Recuerda: "Haz cambios".

3. **Pensamiento lateral (*Lateral Thinking*).** Esta técnica desarrollada por Edward De Bono se enfoca en producir ideas que estén fuera del patrón de pensamiento habitual de las personas que la ejecutan. Salir de la caja, como la llaman los creativos.

Ejercicio

Siguiendo con las finanzas, provoca respuestas diferentes.

¿Qué cosas no he intentado hasta ahora?

¿Qué podría hacer diferente?

¿Qué aconsejaría a un amigo que hiciera?

¿Qué cosa jamás haría?

Busca tres sombreros: uno negro, uno rojo y uno beige. Haremos una adaptación a la técnica de Bono, después de todo se trata de ser creativo, ¿no?

El sombrero negro: lo utilizarás para externar el problema en voz alta y de forma negativa. Te invito a que lo grabes. Te gustará.

Sombrero rojo: externarás el problema de forma exageradamente positiva.

Sombrero beige: de forma neutral, externa el problema. Escucha tu voz y decide.

Esta actividad es muy divertida. Puedes incluso hacer los sombreros con cartoncillo. Cada color representa una posición determinada ante el problema. Busca dar respuesta a la pregunta sobre la cual quieres trabajar con cada color. Anota o graba las respuestas. ¡Te sorprenderás!

4. **Juego de palabras.** Se trata de una explosión de palabras al azar durante cinco minutos. Después relacionarlas con el tema a trabajar. Son palabras que

encuentras al azar en un libro o revista o que vienen a tu mente.

¿Cómo son las finanzas en una mente creativa?

Se trata de salir de la caja y romper tus esquemas.

Responde:

- ¿Quiénes son tus clientes?
- ¿Qué es lo que más quieren?
- ¿Quién es tu competencia?
- ¿Qué hace mejor que tú?
- ¿Qué haces tú mejor que ellos?
- Planea lo que vas a hacer (anual, mensual, semanal y diariamente).

¿Cómo identificar las oportunidades?

Una mujer chingona está siempre a la caza de oportunidades, las huele de inmediato. Para ello, tu actitud debe estar en sintonía. Recuerda que atraemos lo que pensamos.

¿Cómo hace una chingona para cazar oportunidades?

Posee una mente abierta, sin juicios. Es juguetona y exploradora. Pregunta muchos por qué y se da tiempo de contestarse.

¿Cómo priorizar áreas de oportunidad?

Debe apasionarte para ser prioridad. Para ello, también elaboramos nuestro proyecto de vida, para que no te pierdas.

II. Inicia

Establece un día a la semana para trabajar con todas esas respuestas creativas, que yacen en tu interior, esperando ser encontradas.

III. Sonríe

¿Qué quieren las mujeres de los hombres?

- A los 20 que sea guapo y rico.

- A los 30 que sea rico.

- A los 40 que se mantenga solo.

- A los 50 que cuente buenos chistes.

- A los 60 que no se eche gases dormido.

- A los 70 que llegue al baño a tiempo.

- A los 80 que al besarlo conserve la dentadura.

Así es como cada vez pedimos menos.

Un ejercicio práctico que te será de gran ayuda...

Cada día de la semana comenzarás a darte seguimiento personal.

¿Cómo te has sentido hasta ahora?

DECIMA SEMANA
Lista de retos

Lunes	Martes
Miércoles	Jueves
Viernes	Sábado
Domingo	Logros semanales
Lo siguiente a lograr	Dificultades que enfrente
Objetivo de la próxima semana	Resultado esperado

Conéctate

Coloca tu mano derecha en el corazón
y repite conmigo:
Le doy sentido a cada momento
de mi vida y obtengo más.
Ser feliz es mi opción y comienzo
valorando todo lo que tengo.
Empiezo a quererme más y
ya no lucho por ser feliz.
Elijo ser feliz porque eso es
lo que yo creo merecer.
Mírame soy feliz.

Laboratorio vivencial
"Soy chingona, ¿y qué?"

Gaby es una mujer chingona. Disfruta de la política y la ve como un medio de ayudar y transformar. Busca utilizar sus talentos para servir como instrumento de esa transformación. Se define como una mujer tenaz y muy fuerte. Es honesta, persistente, y valiente. Le hace falta cuidar más de sí misma. Algunas veces confía demasiado y se mete en problemas.

Lo que más desea es lograr sus sueños. Tomar decisiones sin temor y complacerse a sí misma. Su vida ideal sería vivir en una casa increíble, al lado de su compañero, con sus hijos y muy centrada en su carrera política, defendiendo los derechos de las mujeres. Le gustaría saber cuáles de sus heridas emocionales no se han sanado y cómo puede ser mejor persona con ellas cicatrizadas. Está segura de que lograrlo le ayudará a conocerse y valorarse.

Nos pide a todas las mujeres que confiemos en nosotras mismas, que hagamos lo que nos apasiona y que no nos permitamos rendirnos. Gaby es una mujer llena de sueños. Es muy joven, y eso la hace enfrentar con fuerza lo que se opone a su paso. Es una excelente madre que busca darle ejemplo a su pequeño en el camino. Tiene muchas metas, son tantas que no quiere perderse, ¿cómo no soltar sus sueños? ¿Cómo comprometerse hasta lograrlos? ¿Cómo sentir que por el solo hecho de soñarlos ya son posibles?

11

Sujetando tus sueños

> *"Sujétate firmemente a tus sueños,*
> *porque si los sueños mueren, la vida se convierte en*
> *un ave con alas rotas que no puede volar."*
> Langston Hughes

I. Conciencia

¿Cuántas veces has intentado lograr algo que deseas intensamente?

¿Estás comprometida con tu vida?

Haz un recorrido por tu mente del día inmediato anterior. Escribe una lista de todas las cosas apasionantes que hiciste durante la semana.

_____
_____
_____
_____
_____

¿Hiciste algo innecesario?

_____
_____
_____

¿Cometiste algún error?

_____

_____

_____

¿Qué aprendiste de ti?

_____

_____

_____

Según Platón, el ser humano es como una carreta jalada por dos caballos. Uno representa la razón y el otro la emoción. ¿Cuál de ellos jaló de tu carreta esta semana?

Una investigación realizada por Dick Thaler, profesor de la Universidad de Rochester, cuenta que este maestro invitó a unos amigos a cenar a su casa. La botana consistía en una charola llena de almendras. Los invitados comían tanto que el anfitrión terminó retirándola molesto. Todos ellos eran economistas e investigadores y comenzaron a discutir ¿Por qué comieron tantas almendras sin parar? Lo anterior inició la investigación sobre la toma de decisiones en situaciones de conflicto. Lo que los inspiró fue encontrar una investigación de George Ainslie en Harvard, en 1967, quien experimentó con palomas. Si picaban un botón rojo obtenían comida de inmediato pero, si no lo tocaban, recibían más cantidad de alimento minutos después. Luego agregó un botón verde que eliminaba el botón rojo y la tentación. Así surgió la teoría del auto control, que aplicado a nuestra vida como chingonas se traduce en lo siguiente:

Hay una notable diferencia entre lo que es una persona que espera resultados a corto plazo, o plazo inmediato, y a largo plazo. El corto plazo se refiere a mujeres más primitivas e impulsivas. El largo plazo se asocia con personas con mayor razonamiento, y muestra un mayor avance en su cerebro. Aquellas mujeres que esperan una satisfacción inmediata, y no saben esperar por preferirla, se olvidan de sus planes futuros. Estas mujeres sufren una especie de congestionamiento mental que les impide razonar y esperar por un futuro mejor.

Marca metas, planes, objetivos, así activarás la zona prefrontal de tu cerebro. Toma algunas decisiones que te convengan y tengan recompensa a largo plazo. Espera por tu sueño. Trabaja en hacerlo real. La meta es la herramienta para lograr lo que deseas. Le da dirección a tu vida y también a tus finanzas. Planear significa conocer nuestro rumbo, esto evita que nos desviemos. Muchas trabajan duro y logran poco, es como dar vueltas y vueltas sin llegar a nada.

Estudios revelan que sólo 3% de las personas se preocupan por fijarse metas y escribirlas. Es decir, 97% de las personas trabaja para 3% que tiene metas claras y detalladas.

"Si lo que estás haciendo no te acerca a tus metas, entonces te estás alejando de ellas."
Brian Tracy

Para fijar tus sueños a la realidad, fija tu atención en ti misma. Concéntrate en tu comportamiento. Di que no sin culpa a lo que te desvíe de tu camino. Ese es el reto.

Define cómo llegaste a la situación en la que te encuentras.

_____

_____

_____

Todas tenemos algún sueño que anhelamos. Si por alguna razón no lo lograste, no te desesperes. Ten fe. La vida te pone a prueba y te enseña el camino correcto poniéndote obstáculos. Si tu sueño no se ha cumplido, hoy puede ser tu día. Mientras tanto, sonríe a la vida.

¿Qué es lo que soñabas de niña?

_____

_____

_____

¿Qué cosas querías hacer cuando fueras mayor?

_____

_____

_____

Haz realidad la vida de tus sueños. ¿Cómo vas? ¿Alejándote o acercándote al camino?

_____

_____

_____

Pasos para hacer realidad tus sueños. Describe cuál es tu sueño. Hay una gran cantidad de personas que no saben lo que quieren.

_____

_____

_____

Hagas lo que hagas, asegúrate de cumplir con el propósito de tu vida. ¿Qué es lo que quieres y cómo podrías obtenerlo?

_____

_____

_____

¿Qué te inspira a lograrlo?

_____

_____

_____

Haz metas de tus sueños. Todos desean algo, pero pocos tienen la voluntad para lograrlo. Observa lo que estás haciendo en este momento de tu vida, y deja de hacer cosas que disipan tus recursos y talentos. Haz más cosas que te den los resultados que esperas. Si tuvieras la oportunidad de estar haciendo lo que quisieras, ¿qué sería? ¿Te has escuchado hablar? ¿Cómo te ve el mundo a ti?

_____

_____

_____

Abandonar nuestros sueños o sabotearlos daña la autoestima. Tal vez, sin darte cuenta, ahora mismo estás limitando tus sueños:

1. Quejándote.
2. Alimentando tu miedo.
3. Con desconfianza. "Todos están en mi contra".
4. Quedándote paralizada. El logro de pequeñas metas da mucho resultado.
5. Compitiendo con los demás. No te compares. Si has de competir que sea contigo misma.

"Lo que la mente de una persona puede imaginar y creer y desear con toda el alma, lo puede realizar."
Napoleón Hill

Proponte un reto que implique cambio en tu vida. Recuerda que cómo vives tu vida siempre será tu elección. Por favor no te metas a tu burbuja de autocompasión. Si algo no te deja lograr tu sueño, suéltalo. Cuando no soltamos amarres nos olvidamos de nuestra misión de vida.

¿A qué sueño te resistes?

¿Dónde está tu motivación, dentro o fuera?

¿Quién maneja tu vida?

¿Alguien tiene poder sobre ti?

Dale sentido a tu vida aceptando tu responsabilidad.

Rompe tus límites y atrévete a soñar.

Creo que una de las misiones más importantes de una mujer chingona es aceptarse y poder desarrollar sus sueños, pues en ellos se encuentra su potencial interno. Todo lo que ha sido creado por el ser humano comenzó en un sueño. Luego se convirtió en una meta, luego en un plan detallado y después en realidad.

II. Inicia

Describe tus sueños y realiza un plan para lograrlos

III Sonríe

Dos amigas se encuentran y comentan.

—Oye ¿Qué tal te va?

—Pues no muy bien. Mi madre se quedó ciega y sorda.

—Vaya problemón —contesta la otra—. ¿Qué piensas hacer?

—Pues de momento dar de baja el teléfono y la luz.

Un ejercicio práctico que te será de gran ayuda...

Cada día de la semana comenzarás a darte seguimiento personal.

¿Cómo te has sentido hasta ahora?

ONCEAVA SEMANA
Lista de retos

Lunes	Martes
Miércoles	**Jueves**
Viernes	**Sábado**
Domingo	**Logros semanales**
Lo siguiente a lograr	**Dificultades que enfrente**
Objetivo de la próxima semana	**Resultado esperado**

Conéctate

Coloca tu mano derecha en el corazón
y repite conmigo:
Fluyo con la vida.
Dejo de resistirme.
Acepto simplemente.
Me libero.
Yo soy quien elige mi conducta.

Laboratorio vivencial
"Soy chingona, ¿y qué?"

Adriana es una mujer chingona, sólo que ella no lo sabía. Te cuento por qué.

Cuando inicié con el proyecto de este libro, seleccioné a las mujeres que serían observadas durante un proceso al que llamé "Laboratorio vivencial de una mujer". Tenían que ser mujeres brillantes. Con proyectos interesantes y que, además, hubieran estado en un proceso personal. Esto me permitía conocer sus antecedentes personales, lo cual facilitaba mi observación.

Adriana estaba dentro del proyecto como mi apoyo técnico. Estaría observando cada detalle y auxiliándonos en cada momento. Debo contarte que Adriana es muy joven y tiene su proyecto personal relacionado con la moda. Durante las sesiones, ella no sabía que estaba siendo observada como una mujer chingona.

Adriana es una joven con mucha iniciativa y con una desbordante creatividad. Suele ser muy entregada a su tarea, es como todas esas mujeres que desconocen que son chingonas, pero que lo son. Ha tenido que aprender a manejar sus emociones. Durante mucho tiempo fue presa de ellas. Sonreía para complacer, se forzaba a querer sin sentirlo, sentía un miedo irracional, se castigaba a sí misma y se sentía inadecuada. Todo eso hacía que encubriera su seguridad y no valorara sus talentos.

Llegó al grupo de las 12 para enseñarnos que es sano expresar las emociones. Sin embargo, como mujeres venimos de un entrenamiento infantil que nos enseña a no expresar nuestras emociones. Pero si se puede aprender también se puede desaprender.

¿Cuál es la emoción más auténtica que te cuesta aprender?

¿Cómo aprendiste a expresar tus emociones?

Todo ello implica mucha auto observación y además darnos permiso de ser auténticas. Hay una especie de mapa que nos permite expresar nuestras emociones pero, para ello, primero debemos auto observarnos y descubrir:

- Si estamos aprendiendo a regular nuestras emociones y su intensidad.
- Si tenemos empatía con quienes nos rodean.
- Si nuestra comunicación es adecuada y altamente efectiva.

Recuerda que las emociones también son energía, y la energía que tú mandas al universo es la misma que recibes. Pero bueno, comencemos, porque manejar tus emociones es parte de ser una mujer chingona y definitivamente esto ¡si se puede!

12

Sí, se puede

"Las ciudades y mansiones que la gente sueña son aquellas en las que finalmente vivirá."
Lewis Mumford

I. Conciencia

En una conferencia impartida sobre el miedo, subió una mujer al escenario a contar que durante años había soñado con tener el puesto de gerente en su empresa. Hacía justo una semana, lo había logrado. Su jefe la llamó a su oficina para notificarle su ascenso. Tanto era su miedo que no lo aceptó. Argumentó no estar preparada. Su jefe la miró con tristeza y le dijo: "Lo siento mucho. Tu anterior puesto ya fue otorgado a otra persona. Así que si no tomas el nuevo, que tanto deseabas, me temo que tendrás que renunciar". La mujer se quedó sin trabajo. Su miedo fue superior a su sueño.

Es muy importante que te atrevas a soñar y a creer en tu sueño. El manejo adecuado de nuestras emociones es de vital importancia. Pero bueno, tenemos mucho por andar al respecto.

Era 19 de diciembre y mi sueño más preciado llevaba casi un año en mi corcho: publicar mis libros de *Adolescentes cómo convivir con ellos* y *12 pasos para ser feliz*. Los había escrito con mucho entusiasmo, pero miles de personas me argumentaron que no sólo era cuestión de sueños. Envié a la editorial más de 40 libros. Sí, así como escuchas, cada semana enviaba mi obra a la editorial que había elegido. Un día, la editora decidió llamarme.

—Tengo ya varios libros de usted. No tengo tiempo de leerlos. ¡Deje ya de enviarlos! —me dijo.

—Con todo respeto —contesté—. ¡Lo siento! Es mi sueño. El día que usted me diga que no sirven, le prometo no enviarle ni un ejemplar más.

Tres meses más tarde, me llamó.

—Me gustan sus libros, Mercado —sus palabras aún resuenan en mis oídos—. ¿Cuál de los dos quiere que publiquemos? Como entenderá, no es posible publicar los dos por el momento.

—Usted elija —respondí con fe. Seis meses más tarde se publicaron los dos y se presentaron en la Feria Internacional del Libro, tal y como yo lo había soñado.

Tengo mucha confianza en el poder de los sueños y en la capacidad del ser humano para hacerlos posibles. Es todo cuestión de saber manejar nuestras emociones, para no desesperarnos.

Un día, limpiando mi biblioteca (adoro leer), encontré entre los libros una carta. Estaba dirigida a mí. Blanca Mercado decía el sobre. Lo curioso era que la letra era muy similar a la mía. Con mucha emoción la abrí y comencé a leerla. Aquí la transcribo para ti:

Querida Blanca:

¿Cómo estás? Sé que encontrarás esta carta y que seguramente podrás responderme una serie de inquietudes que tengo. Tu vida no ha sido del todo fácil, pero tienes mucha fe en tus proyectos. Cuéntame, ¿lograste superar tu problema de salud? ¿Se resolvió lo de tu tumor? Siempre soñaste con publicar un libro. ¿Qué tal te fue con la editorial? Y bueno, una de tus expectativas era poder tener un programa en la radio y dirigir tu propia empresa. También querías sentirte feliz con tu pareja y lograr un gran amor. No tengo idea de cómo estás ni de qué has logrado. Sólo quiero decirte que te quiero mucho y que confío en ti.

Tu amiga
Blanca Mercado

Cuando terminé de leer, no pude dejar de llorar de emoción. Honestamente no recuerdo cuándo me escribí esa carta. Seguramente fue por las fechas en que me detectaron un tumor que llegó a pesar tres kilos y medio. Por ello, con sarcasmo digo que tengo tres hijos y un tumor, porque los cuatro pesaron igual. Fueron momentos muy duros en los que, con miedo a morir, me aferraba a cualquier recurso que me diera paz.

Lo mejor de todo es haber podido responderme. Sí, logré salir de esa operación que puso en riesgo mi vida. De hecho, ese tumor fue el motor que me impulsó a luchar con tenacidad por mis sueños. Publiqué mis dos libros como tanto deseaba, y en la editorial que Yo elegí. Y por si fuera poco, sí logré tener mi programa de radio (más bien dos). Sin saber, o por lo menos no recordar, que lo deseaba tanto. Mi empresa es de desarrollo humano con un sistema llamado contraterapia, de mi creación. Y sí vivo una relación llena de amor y respeto.

A partir de entonces, me escribo una vez al año una carta de sueños, y la guardo celosamente en mi corcho. No puedo abrirla hasta la fecha señalada. Pero esta vez no pasarán tres años para darme cuenta de que lo logré. Es increíble el poder de los sueños y el manejo adecuado de tus emociones para saber que sí se puede.

Actividad sugerida

Escribe en este momento una carta con todos tus sueños dirigida a ti misma. ¿Quién mejor que tú puede lograrlo? Sólo podrás abrirla dentro de un año. Recuerda hacerlo a sobre cerrado. Por favor comparte este ejercicio con alguna amiga. ¡Es increíble!

En el interior de cada mujer chingona está toda la información de quién es y lo que está destinada a llegar a ser. El problema es que sobre esta sagrada información se han grabado otras informaciones procedentes de las más importantes figuras de autoridad: padres, familia, educación, religión, pareja, sociedad, etcétera.

Identifiquemos tu patrón emocional:

¿Qué emoción te caracteriza hoy?

¿Qué deseas convertir en plan?

¿Qué debes empezar ya?

Identifica tus emociones

¿Por qué atraes a ciertas personas?

¿Cómo se generan tus problemas afectivos?

¿Cómo te responsabilizas de tu vida?

¿Cómo has hecho para sabotear lo que tanto deseas?

_____

_____

_____

Recuerda que le das poder a cualquier cosa en la que te concentras.

Durante tres minutos, con reloj en mano, observa tu conversación interna. Esa vocecita en tu mente. ¿Cómo es? ¿Qué te dice?

Aprendemos el manejo de nuestras emociones en los primeros años de vida. Aprendemos a amar y a recibir amor. Pero ahora tú eres responsable:

¿Qué te hace feliz en este momento de tu vida?

¿Qué te da orgullo?

¿Qué disfrutas?

¿A quién amas?

¿Quién te ama?

Recuerda una situación repetitiva, puede ser de miedo, enojo, abandono; deja que venga a tu mente. Descubre cuál es el pensamiento "No puedo" que encuentras. Ahora trae un pensamiento sí puedo a la situación. ¿Cómo te sientes?

Cada vez que tengas un problema hay un pensamiento no puedo inmerso. Pregúntate: "¿Para qué estoy creando esta situación?" Los problemas son nuestros maestros que nos ponen pruebas.

Ejercicio

Camina por un parque en total silencio. Con este sencillo ejercicio elevas tu energía.

Al final de cada día repite:

"Nada es más fuerte que el amor."

Es muy divertido pensar que hemos creado las cosas buenas que nos ocurren. Nos cuesta trabajo aceptar las situaciones negativas como parte de nuestra creación.

Escribe en el siguiente espacio todo lo que disfrutas hacer.

_____

_____

_____

_____

_____

_____

_____

_____

¿Qué de lo que disfrutas quieres hacer hoy?

Dios lo es todo. Dios está dentro de ti. Nada fuera de ti te hace falta. Dios en ti.

Un ejercicio práctico que te será de gran ayuda...

Cada día de la semana comenzarás a darte seguimiento personal.

¿Cómo te has sentido hasta ahora?

DOCEAVA SEMANA
Lista de retos

Lunes	Martes
Miércoles	Jueves
Viernes	Sábado
Domingo	Logros semanales
Lo siguiente a lograr	Dificultades que enfrente
Objetivo de la próxima semana	Resultado esperado

13

Mis tres secretos... no tan secretos para ser una chingona

Primer secreto

Pregúntate a ti misma todos los días: "¿Merezco la abundancia? ¿Merezco el amor? ¿Merezco ser feliz?"

El vivir en abundancia es parte del destino de una mujer chingona. Está clarísimo, si queremos vivir una vida de plenitud, lograr el éxito y aprovechar nuestro potencial al máximo y atraer hacia nosotras riqueza que tanto anhelamos y no la escasez opuesta, tenemos que apropiarnos de nuestras herramientas que harán la diferencia en nuestra vida.

Observa:

"Porqué a todo el que tiene, se le dará más, y tendrá en abundancia. Al que no tiene se le quitará hasta lo que tiene."
Mateo 12:37

Ejercicio

Fecha _____

Mi situación económica actual es _____.

Mi ingreso mensual es de $ _____. Mi ingreso mensual de aquí a 21 semanas será de $ _____.

FIRMA DE COMPROMISO

_____

Ahora tú sabes lo que quieres. Esto te ayudará a ir por el camino indicado.

Estás a punto de enfrentarte con tu peor enemigo.... Tus malos hábitos.

Segundo secreto

Buscar nuevas oportunidades.

¡Se buscan aventureras!

Por un momento piensa en líderes ejemplares. Ya sean contemporáneos o históricos, esos hombres y mujeres que transforman la historia. ¿Qué tienen en común? ¿Qué hacen diferente? ¿Cómo resuelven sus crisis?

¿Cómo podemos identificar oportunidades?

El primer paso es entender bien qué estamos buscando.

Tercer secreto

Define tus herramientas.

Mucha gente toma cursos, pero si no los pone en práctica no funcionan.

Entre más respuestas positivas más cerca estás de lograr entrar al mundo de la abundancia. Tus respuestas negativas te dan luz de dónde y cómo trabajar.

Herramientas en acción

1. **Programa de causa y efecto.** Nada de lo que ocurre en la vida, en las personas, en las cosas, ocurre espontáneamente. Todo tiene una causa, no hay causa sin efecto, ni efecto que no tenga una causa, en lo físico y lo espiritual.

2. **Histograma.** Representación gráfica de altos y bajos en tu vida. Se repiten ciclos.

   Realízalo. Revisa cuál es flujo de energía en tus sueños de abundancia. ¿Qué tan cerca o lejos estás de ella?

   Revisa la evolución de tu historia personal a intervalos de cinco años a partir de tu nacimiento. ¿Qué tan lejos o cerca estás de la abundancia?

3. **Control de calidad del proceso personal.** Se trata de una auditoría personal sobre avances personales. Te sugiero que pongas una meta con fecha, o plazo, y mecanismos de evaluación de avance en el proceso. En lo personal, utilizo un seguimiento diario, semanal, mensual y por último uno anual.

   Te comparto todo esto esperando lo apliques en tu vida.

Aplica lo visto

Lista para vivir los resultados de la lectura de este libro. La manera en que te ves relacionada con la abundancia determina el potencial de tus ingresos. ¿Cómo tratas al dinero? ¿Lo recibes con gusto en casa? ¿Le das la bienvenida antes de depositarlo en un banco?

Un secreto para vivir en abundancia: comienza por apreciar la forma en que llega el dinero a tu vida. ¿Dedicas tiempo para registrar cada día tus ingresos y tus egresos? Tu relación con el dinero implica, también, tener estructura. Si tu relación con el dinero es distante, precisamente, habrá mucha distancia entre el dinero y tú. Si estamos agradecidas cuando encontramos alguna manera de lograr un mejor ingreso, el universo parece encontrar una manera de lograr hacer llegar a tu vida más dinero.

Podría tomar un tiempo para que comiences a notar grandes cambios en tu economía, pero cuando lo hagas, sin duda pensarás que estos pequeños cambios merecen la pena, pues comenzarás a percibir una abundancia económica como no la habías percibido antes en tu vida.

Una herramienta poderosa para tener abundancia es darnos cuenta de la velocidad con la que nuestros pensamientos negativos frente al dinero crean, rápidamente, una espiral fuera de control.

A veces comenzamos pensando algo que nos evoca otros pensamientos, uno tras otro, y enseguida nos vemos sumergidos en un complot de ello en nuestra contra.

En vez de obsesionarte con esas ideas negativas, conscientemente páralas en seco y enfócate en darte cuenta de cuán abrumado estás; pero también de cuán agradecido estás de tener oportunidad de manejarlo de una manera positiva. Esto te permite abrir tu mente a la abundancia y a la prosperidad. Se trata de todo un entrenamiento para familiarizarte con el éxito en tu vida.

Abundancia es una experiencia de satisfacer nuestras necesidades. Abundancia es reconocer que nuestra realidad depende de lo que creamos con nuestra mente. Ya sea abundancia o pobreza, se requiere la misma intensidad para lograrlas, la única diferencia son los resultados.

Tú puedes tener lo que deseas. En el grado que aspires a ello.

Una de las claves principales que cambió mi vida fue entender lo que me dijeron mis maestros alguna vez: "Trabaja más en ti mismo que en tu trabajo". Esta sencilla oración fue el comienzo de cambios increíbles. Después de algunos años, había descubierto que había trabajado muy duro en mi labor, ¡pero no en mí misma!… Esa era la causa de mi falta de progreso.

Hoy me siento reconciliada con el dinero, trabajando con entusiasmo y compartiendo contigo todos mis secretos.

Tú puedes hacerlo. Tú puedes ser una de las muchas mujeres que abren su vida a la abundancia. Este libro pretende mostrarte un rumbo para que encuentres tus respuestas. Déjate guiar por tu intuición y llega a la cima. Un lugar para ti te está esperando. Recuerda:

¡Tienes lo que tú crees que mereces!

Anexo 1
Plan de negocios

Nota introductoria

Nombre de tu empresa o proyecto a trabajar.
Fecha.
Logotipo.
Dirección.
Número de teléfono.
Correo electrónico.
Dirección de página web.
Nombre del director general.
Fotos del producto o servicio.

1. Ubicación
1.1 Descripción del negocio o proyecto.
1.2 Objetivos a lograr.
1.3 Historia de tu compañía.
1.4 Estructura de tu empresa.
1.5 Necesidades de mercado que buscas atender con tu producto o servicio.

2. Información sobre tu empresa
2.1 Breve historia de tu compañía.
2.2 Estructura legal de tu empresa.

3. Tamaño del mercado y tendencias
3.1 Lista de clientes existentes y potenciales (posibles clientes).
3.2 Competencias (es importante describas en qué especialmente eres muy bueno, qué rasgos te distinguen de otras empresas).
3.3 Ventas estimadas (recuerda que pide y se te dará).

4. Desarrollo de producción

4.1 Estado actual del producto o servicio (en qué momento de tu proyecto te encuentras).

4.2 Estado actual de las instalaciones, maquinaria y fuerza de trabajo de la empresa.

4.3 Estrategias de trabajo (manuales operativos; describe puntualmente la forma de desarrollo de las principales funciones).

4.4 Describe cómo llevarás al mercado tu producto o servicio y, después, cómo lo llevarás a la rentabilidad (es todo lo relacionado con imagen y publicidad).

4.5 Describe si necesitarás capital adicional y tiempo, cuánto (candidatos).

5. Ventas y mercadotecnia

Estrategia de ventas (cuál será tu filosofía para vender tu producto; en qué principios versará tu política de ventas; representa la columna vertebral de tu negocio).

6. Dirección y organigrama (proyecta mentalmente cómo se integrará tu negocio)

6.1 Describe cada puesto dentro de tu empresa y las funciones paso a paso. Créeme, al tenerlo harás una mejor selección de personal.

6.2 Forma un directorio personal con los datos de figuras de soporte para tu empresa (como abogado, contratistas, personal de aseo, plomero, electricista, contador etcétera).

7. Finanzas

En este segmento invierte el tiempo suficiente para establecer un plan de ingresos y egresos. Desde el primer momento organiza tus finanzas con base en tus prioridades. Jamás cometas el error de creer que lo sabes todo. Recibe una buena asesoría sobre el manejo de finanzas. Vigila la manera en la que cuidas tus ingresos.

Te sugiero buscar bibliografía al respecto, e invertir tiempo en capacitarte en la forma de administrar y dirigir tu empresa. Te garantizo que es la mejor inversión que puedes hacer. He podido convivir con excelentes empresarias que carecen de una buena administración, y terminan perdiendo su dinero y parte de su confianza en sí mismas.

Anexo 2

Plan de vida

Es importante que te concentres en lo que deseas. Es fundamental que te tomes un tiempo para realizar un plan de vida exclusivo con tu nombre grabado. Las grandes líderes lo hacen, disponen de este pergamino con mucho cariño. Incluso hay quien lo manda a enmarcar como muestra del grandioso respeto que les merece este documento.

1. El punto de partida tu situación actual en cada área de tu vida; haz una descripción muy breve de cada punto.

   a) Laboral
   b) Personal
   c) Espiritual
   d) Intelectual
   e) Familiar
   f) Pareja
   g) Economía

2. Mis fortalezas (10 de ellas; puedes pedir ayuda a tus amigos).
3. Mis debilidades (10 de ellas; en esto no creo que necesites ayuda, por lo general las mujeres somos muy críticas).
4. Autobiografía (este segmento me encanta, tu historia personal y la forma en que la interpretas es determinante en tu forma de percibir el éxito en tu vida).
5. ¿Quiénes son las personas que han tenido mayor influencia, positiva y negativa, en mi vida y de qué manera?

6. ¿Cuáles han sido mis intereses desde la edad tem-
prana? ¿Qué disfruto hacer y haría con gusto sin que
me pagaran?

7. ¿Cuáles son los acontecimientos que han influido
en forma decisiva en lo que soy ahora? Momentos
claves. En lo personal me gusta dividir mi vida por
décadas y en cada segmento enumero tres o cuatro
acontecimientos.

8. ¿Cuáles han sido los principales éxitos y fracasos en
mi vida?

Recuerda que detrás de un fracaso hay miles de oportunidades.

- ¿Cuáles han sido mis decisiones más significativas?
  (también lo haría por cada década de tu vida)
- Rasgos de mi personalidad (lo que te hace única, lo
  aprecies o no):

Menciona cinco aspectos que más te gustan y cinco que
menos te gustan en relación con:

1. Aspecto físico
2. Relaciones sociales
3. Vida espiritual
4. Vida emocional
5. Aspectos intelectuales
6. Aspectos vocacionales
7. ¿Quién eres?

- ¿Cuales son las condiciones facilitadoras o motivan-
  tes en mi desarrollo como chingona?
- ¿Cuáles son las condiciones limitantes, o bloqueado-
  ras, como chingona?

Organiza la información obtenida teniendo en cuenta los siguientes aspectos:

1. ¿Es posible llegar a ser una auténtica chingona?
2. ¿Qué debo recordarme para mantenerme chin-gona?
3. ¿Qué rasgos de tu personalidad no te gustan pero no estás dispuesta a cambiar?
4. Tres pasos que comenzarás a dar de inmediato. (Que nada espere para mañana.)
5. ¿Qué señales te indicarán que estás logrando tu sueño?
6. ¿Qué lema eliges que rija tu vida? El mío es "Tengo lo que me merezco".
7. ¿Por qué siento que voy a poder lograr mi sueño?
8. ¿Qué haré si se presenta un obstáculo en mi plan de vida? ¿Qué debo recordar?
9. ¿Qué personaje inspira mi aventura de volverme una chingona?

Mi filosofía de vida

- ¿Cuál es mi misión de vida?
- ¿Dónde estoy? (Respecto a mis metas.)
- ¿Dónde quiero estar? (Respecto a mi vida.)
- ¿Cómo saber que lo logré?

Anexo 3

Para recordar

Describe lo que pasará en tu vida como nueva chingona en la siguiente figura.

Para ello te recuerdo que una mujer no chingona es una mujer: resentida, quejosa, crítica, irresponsable, rígida, pasiva, hiriente.

Una mujer chingona es: la que vive el presente, aprecia los detalles, cree en la abundancia, es consciente, no busca encajar en la vida, es feliz, cree merecer el amor, se valora, se da oportunidad, tiene tiempo para ella misma, confía en sí misma.

Agrega un dibujo en cada una de las siguientes esferas de la figura.

Conclusión

Mujer, naciste para ganar y para ser chingona:

Debes invertir tiempo en conocerte más. Debes tener claras las acciones a tomar. Prepárate para ganar con tus nuevas habilidades para negociar. Tienes todo lo que necesita un ser humano para ser un triunfador. Sólo espera cosas buenas de la vida y desarrolla tus talentos.

Cuando tú lo decidas estarás lista para el éxito. Párate frente a un espejo y mírate. ¿Puedes creer en ti? ¿Estás a gusto contigo misma? ¿Te agradas? ¿Tu imagen transmite que eres una chingona? "Estás donde estás porque eso crees merecer."

Puntos a resaltar aportados por las mujeres observadas durante la investigación: uno para cada día. Se dice que en 21 días se cambian hábitos.

1. Confía en Dios tanto como en ti misma.
2. Toma consciencia de tu responsabilidad de ser feliz. Con esto nos podemos ahorrar más de 90% de nuestro sufrimiento.
3. Sé auténtica siempre y paga con gusto el precio por decir no cuando quieres no. Y sí cuando sea sí.
4. Nunca te sientas víctima de las circunstancias.
5. Enfócate en tu meta. No hagas caso de juicios externos.
6. Pide al universo que tus aprendizajes de vida sean amorosos.

7. Siente la energía, no miente, úsala a tu favor.
8. Pierde el miedo a ser chingona.
9. Sé firme con lo que digas y hagas. Sé coherente.
10. Aférrate a tus sueños. Vívelos.
11. Sé independiente económica y emocionalmente.
12. Desarrolla el conocimiento.
13. Déjate fluir.
14. Por sobre todas las cosas: "Ámate".
15. Sé perseverante.
16. No te venzas ante los obstáculos.
17. Haz amigos a tus enemigos.
18. No te duermas sin dar un paso hacia tus objetivos.
19. Especialízate en lo que te apasiona.
20. Jamás te rindas.
21. Nunca te creas lo suficientemente chingona. Siempre hay algo por mejorar.

Recuerda que tú eres responsable de lo que creas con tus pensamientos. Te espero en la cima.

Tu amiga y cómplice
Blanca Mercado

Trabaja diariamente contigo.

Pregúntate qué quieres, a dónde vas, quién eres,
hazlo a cada instante.

Anímate a pedir al Universo lo que deseas.

Descubre tu poder personal, mujer.

Quiero verte con una sonrisa que refleje tu poder.

Quiero verte satisfecha y llena de amor,
rodeada de personas sanas.

Mujer, quiero verte feliz, feliz, feliz,
así de sencillo y complicado.

Espero que después de haber realizado tus actividades
te hayas dado cuenta de que tienes dos opciones.
Crear la vida que deseamos vivir o ser víctimas
de las circunstancias. Con las herramientas que
ahora tienes puedes hacer demasiado.
De ti depende la forma en que las usas.

Gracias por permitirme ser tu cómplice.

Con cariño, Blanca Mercado.

desarrollohumano@blancamercado.com
www.blancamercado.com

.SOY
chingona,
¿y qué?

terminó de imprimirse en el mes
de noviembre de 2013 en Impresora Alfa
Lago Managua No. 50, Col. Torre Blanca,
11280, México, D.F.